우리 아이는

# 발달장애

입니다

만화로 이해하는 우리 아이 행복해지는 법

# 우리 아이는
# 발달장애
## 입니다

자폐 스펙트럼
아동의 행동에는
이유가 있다

아동 정신과 전문의·의학박사 **혼다 히데오** 지음

**후쿠치 마미** 그림 | **이은혜** 옮김

시그마북스
Sigma Books

# 우리 아이는 발달장애입니다

**발행일** 2024년 7월 1일 초판 1쇄 발행
**지은이** 혼다 히데오
**그린이** 후쿠치 마미
**옮긴이** 이은혜
**발행인** 강학경
**발행처** 시그마북스
**마케팅** 정제용
**에디터** 최윤정, 최연정, 양수진
**디자인** 강경희, 김문배, 정민애

**등록번호** 제10-965호
**주소** 서울특별시 영등포구 양평로 22길 21 선유도코오롱디지털타워 A402호
**전자우편** sigmabooks@spress.co.kr
**홈페이지** http://www.sigmabooks.co.kr
**전화** (02) 2062-5288~9
**팩시밀리** (02) 323-4197
**ISBN** 979-11-6862-260-9 (03370)

# Prologue 1
## '소수 집단'에 속하는 우리 아이

# Contents

**Prologue 1**    '소수 집단'에 속하는 우리 아이 ················· 005

**Prologue 2**    발달장애 어린이와 미운 오리 새끼 ················· 012

**들어가며**    오해받기 쉬운 자폐 스펙트럼 아이들 ················· 020

**CASE 1**

## 아무거나 만지고 멋대로 가지고 놀아요 ················· 024

해설   선생님에 따라서 주목하는 포인트가 다릅니다 ················· 026

**CASE 2**

## 그 친구랑만 있으면 꼭 싸워요 ················· 030

해설   물리적 공간을 잘 활용하면 문제를 막을 수 있습니다 ················· 032

COLUMN 1   초등학교를 마칠 때까지는 '피하는 것이 상책' ················· 035

**CASE 3**

## 먼저 말을 걸기는 하지만 상대의 말은 듣지 않아요 ················· 036

해설   대화를 나눈다기보다는 취미를 즐기고 있는 겁니다 ················· 038

**CASE 4**

## 주의를 주면 오히려 더 재미있어 해요 ················· 042

해설   장난이 습관으로 굳어졌을 수도 있습니다 ················· 043

**CASE 5**

학교생활에 적응하지 못해요 ···································· 046

해설 　자폐 스펙트럼 아이의 생활은 처음이 가장 중요합니다 ··········· 048

**CASE 6**

항상 같은 길로만 다니려고 해요 ···························· 052

해설 　평소와 똑같아야 안심할 수 있기 때문입니다 ···················· 054

COLUMN 2 　자폐 스펙트럼이 있는 아이는
어떤 식으로 생각할까? ································ 058

**CASE 7**

밖에 나가면 인사를 안 해요 ································· 062

해설 　아이가 정말 인사를 하지 않았는지 다시 생각해 보세요 ·········· 063

COLUMN 3 　때가 되면 알아서 하게 되니 신경 쓰지 마세요 ·············· 067

**CASE 8**

가구 위에서 뛰어내리는 위험한 행동을 해요 ·············· 068

해설 　부모님이 '안전한 것'과 '위험한 것'을 구별해 주세요 ············· 070

**CASE 9**

옷입기, 식사 같은 일상적인 행동을 스스로 하지 않아요 ····· 074

해설 　아이가 이해하기 힘든 방식일지도 모릅니다 ···················· 076

COLUMN 4 　'시각 정보'에 의존하면 자립할 수 없다? ················· 080

**CASE 10**

사소한 일로 갑자기 짜증을 내요 ···························· 084

해설 　'집착'과 '짜증'은 별개의 문제입니다 ·························· 085

**CASE 11** 편식하는 버릇이 고쳐지지 않아요 ········· 088

해설 편식에는 고칠 수 있는 부분과 고칠 수 없는
부분이 있습니다 ········· 089

**CASE 12** 한겨울에도 반소매, 반바지만 입으려고 해요 ········· 092

해설 감각이 예민하거나 둔감할 수도 있고
집착 때문일 수도 있습니다 ········· 093

COLUMN 5 예민하거나 둔한 감각을 극복할 수 있을까? ········· 096

**CASE 13** 교실 이동 중에 복도를 뛰어다녀요 ········· 098

해설 아이의 행동을 한발 앞서 예상해야 합니다 ········· 100

**CASE 14** 칭찬해 주신 선생님 팔을 물어 버렸어요 ········· 104

해설 칭찬받아서 기쁠 때도 있지만 부끄러울 때도 있습니다 ········· 106

**CASE 15** 주의를 주면 뜬금없는 대답을 해요 ········· 110

해설 암묵적 합의를 이해 못해서
인간과 사물을 같이 놓고 보기 때문입니다 ········· 111

COLUMN 6 자폐 스펙트럼 아이의 애착 ········· 114

**CASE 16** 글을 읽을 때 사소한 부분에 지나치게 신경 써요 ········· 120

해설 '속뜻'를 파악하지 못하면 풀 수 없는 문제도 있습니다 ········· 122

COLUMN 7 아이가 말의 숨은 속뜻을 알아차리지 못한다면… ········· 125

**CASE 17**

물어보면 다 모른다고만 대답해요 ···················· 126

해설  모른다고 대답하는 이유는 다양합니다 ···················· 128

**CASE 18**

말투가 특이해서 또래와 어울리지 못해요 ···················· 132

해설  또래 친구들이 아니라 TV 아나운서의 말투를
따라 하고 있는지도 모릅니다 ···················· 134

**CASE 19**

자기 생각보다 다른 사람에게 맞추려고만 해요 ···················· 138

해설  기대에 부응하고 싶은 마음에
'과잉적응' 상태에 빠졌을 수도 있습니다 ···················· 140

**CASE 20**

학교를 잘 다니던 아이가 갑자기 등교를 거부해요 ···················· 144

해설  이미 힘들다는 사인을 보냈는지도 모릅니다 ···················· 145

**종합 정리**  자폐 스펙트럼 아이를 키우는 일은 그야말로 '아이러니' ···················· 148

**Epilogue**  마음의 건강이 모든 일의 시작입니다 ···················· 154

**마치며**  아이들이 느끼는 미묘한 감정을 전하고 싶었습니다 ···················· 160

# Prologue 2
# 발달장애 어린이와 미운 오리 새끼

# ① 자폐 스펙트럼 장애

## (ASD: Autism Spectrum Disorder)

**주요 특성**

● **대인 관계에서 임기응변 능력이 부족**

주변 상황에 맞춰 바로바로
행동을 바꾸지 못한다

암묵적 규칙, 상대의 기분,
분위기, 비유나 야유 등

이런 요소을
잘 이해하지 못한다

● **강한 집착**

특정 물건이나 위치,
순서에 집착한다

꼭
이 순서로
놔야 해!

한 가지 일에
몰두

○ **특정 감각에 극단적으로
예민하거나 둔감하다**

눈부셔!

시끄러워서
귀가
아파!

교복이
까슬거려

아프지 않아

춥지 않아

## ② 주의력결핍 과다행동 장애
### (ADHD: Attention-Deficit Hyperactivity Disorder)

주요 특성

● **주의력 부족**

깜빡하고 실수하거나
물건을 자주 잃어버린다

깜빡했다!

● **과잉행동·충동성**

집중력이 약하다
가만히 앉아 있지 못 한다
생각나는 대로 말한다

안절
부절

## ③ 학습 장애
### (LD: Learning Disabilities)

학습 장애는
노력이 부족하다거나
게으르기 때문이라고
생각해서 알아차리지
못하고 지나치기
쉽습니다

주요 특성

● 지적 능력 발달은 정상이지만
읽기, 쓰기, 산수 계산 중 한 가지 이상에서
어려움을 느낀다

| 난독증 | 난필증 | 난산증 |
|---|---|---|
| (dyslexia) | (dysgraphia) | (dyscalculia) |

글자를
읽는 속도가
현저히 느리다

글자를 쓰거나
글짓기를
어려워한다

계산이나
추론을
어려워한다

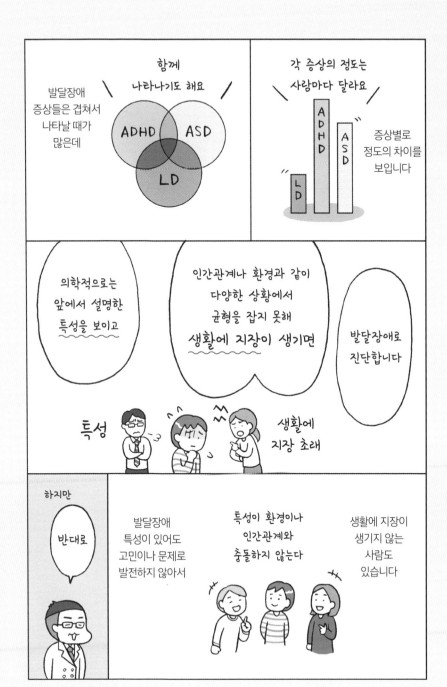

즉, 발달장애 특성을 보인다고 해서
반드시 장애가 있는 건 아닙니다

특성
=
~~장애~~

그래서 저는
장애(Disorder)라는
용어를 빼고
말하기도 합니다

장애(Disorder)

AS<s>D</s> 특성
ADH<s>D</s> 특성

저는

발달장애를
질병이
아니라

소수 집단
minority

소수 집단의
특성으로
봐야 한다고
생각합니다

현대 사회는 다수 집단에
맞춰져 있기 때문에

소수 집단에는 맞지 않는
부분들이 많을 수밖에
없습니다

그러다 보니
이차적인 문제가
발생하기도 하죠

2차 장애

우울, 불안, 등교 거부,
방구석 폐인, 신체적 증상,
자해, 폭력적 행동 등

다만 이차적으로 발생하는 문제는 특성이 아닙니다

특성과 별도로 생각해야 합니다

이차적인 문제

특성

곤란했던 문제가 해결됐다고 해도

아! 상쾌해!

특성은 사라지지 않습니다

특성

그래서 아무리 옅은 회색이라도

하얀색이 아니라 연한 검은색이라고 생각하는 자세가 필요합니다

살짝 탁하지만 환색이라고 할까?

아니야

연한 검은색이야

흰색이 될 필요는 없습니다 자신이 가진 색이

**회색이라면**

**회색 어른이 되면 됩니다**

'미운 오리 새끼'라는 동화를 보면

오리 무리에 섞인 백조 새끼는

나는 왜 다른 애들과 다를까?

자신이 다르다는 사실을 알면서도 오리로 살아가려고 하지만

다른 애들과 비슷해져야 해…

미운 오리 새끼

늘
괴로워합니다

다행히
결국 백조 무리와
함께하게 되고

백조로서
원래 모습대로
살아갑니다

나답게
살 거야

억지로
오리(다수 집단)가
되려고 자신의
원래 모습을 감추면

'과잉적응'

상태에
빠질 수도
있습니다

환경에 맞추기 위해 자신의 행동이나
생각을 억지로 바꾸려고 하는 상태

과잉적응은
언뜻 환경에
잘 적응한 것처럼
보이지만

정신적으로는
우울하고
불안한
상태입니다

힘들고 괴로워···
집에 가고 싶어

따라서 아이가
**특성을 숨기지 않고
원래 모습대로
성장할 수 있도록
도와야 합니다**

어떻게요?
아이의 특성에 맞춰서
**대하는 방식과
환경을
바꿔주면 됩니다**

이 책은
발달장애
중에서도

# ASD

## ADHD LD

자폐 스펙트럼 장애
(ASD, AS 특성)를
중심으로 관련
사례를 소개합니다

ASD가 있는
아이는
소통하기가
특히
더 어렵고

일반적인
상식이
통하지 않기
때문에

부모님이나
선생님이 아이에
대해서 잘 알고
있어야 합니다

어른들이 알아주면
그만큼
아이의 삶이
편안해집니다

# 오해받기 쉬운
# 자폐 스펙트럼 아이들

혹시 아이의 별난 행동을 도무지 이해할 수 없어서 답답했던 적 없으신 가요?

> 자기가 하고 싶은 말만 하고 다른 사람 말은 듣지 않는다
> 사소한 일에 집착하면서 짜증을 낸다
> 지적을 받으면 바로 생떼를 부린다

아이가 이런 행동을 보일 때마다 '왜 저럴까?', '도대체 무슨 생각을 하는 걸까?', '나는 어떻게 대응해야 하지?' 고민하지 않으셨나요? 이 책이 여러분의 고민을 덜어드릴 겁니다.

아이들은 가끔 이해할 수 없는 행동을 합니다. 특히 발달장애가 있는 아이들의 독특한 말과 행동은 부모님이나 어린이집·유치원 선생님, 학교 선생님들을 당황스럽게 하기도 합니다.

이 책은 그런 상황에서 당황할 여러분을 위해

'지금 아이가 어떤 기분일지'를 생각해 보고

'발달장애가 있는 아이는 어떤 특성을 보이는지'를 설명해서

'해당 특성을 고려해 아이의 행동을 이해할 수 있도록' 도와줄 겁니다.

또한, **어른들이 어떻게 대응해야 아이가 흥분을 가라앉히고 더 이상 문제를 일으키지 않을지**에 대한 조언도 담겨 있습니다.


일반적으로 발달장애는 다양한 증상이 함께 나타나지만, 이 글의 제목에서도 말했듯이 **이 책에서는 '자폐 스펙트럼' 특성을 보이는 아이의 사례를 중심으로 이야기하려고 합니다.** 이유는 19페이지 만화에서도 언급했지만 자폐 스펙트럼 증상이 특히 이해하기 힘들기 때문입니다.

자폐 스펙트럼 특성을 보이는 아이는 일상적인 대화는 물론, 유치원이나 학교에서 단체 활동을 할 때도 주변 사람들과 원활하게 소통하지 못해서 자주 오해를 삽니다. 이 책은 ASD 아이들에 대한 오해를 풀고 아이들이 왜 그런 행동을 보이는지 알리고자 기획하게 되었습니다.

따라서 **주로 자폐 스펙트럼에 관한 이야기가 중심이 되겠지만, 발달장애와 겹치는 부분이 많은 만큼** 발달장애 특성을 보이는 아이의 가족이나 선생님에게도 분명 도움이 되는 부분이 있을 겁니다.

저는 이전에도 발달장애와 자폐 스펙트럼에 관한 책을 집필했습니다. 기존 저서에서도 기초적인 지식과 사례를 소개했지만, 이 책에는 조금 더 구체적인 사례를 많이 담았습니다.

이 책을 읽고 나면 여러분도 다양한 시각으로 자폐 스펙트럼을 이해할 수 있으실 겁니다. ASD가 있는 아이는 **어떤 식으로 집착을 보이는지, 아이가 어떤 생각을 하는지, 고로 당신은 어떻게 받아들여야 하는지**에 관한 설명을 담았습니다.

구체적인 사례는 그림이나 사진으로 보여 줘야 나중에 머릿속에서 떠올리기 쉽습니다. 그래서 이번 책을 집필하면서는 글로 설명하기보다는 아이의 행동을 직접 본 것처럼 표현해서 독자의 이해를 돕고 싶었습니다.

감사하게도 일러스트레이터 후쿠치 마미 씨의 도움을 받아 모든 사례를 만화로 구성할 수 있었습니다. 이 책은 후쿠치 마미 씨의 만화에 저의 해설이 이어지는 방식으로 꾸며져 있습니다. 만화를 통해 발달장애 아이들(주로 유아나 어린이)의 행동이나 마음을 훨씬 구체적으로 전할 수 있게 되어 기쁘게 생각합니다.

이 책을 통해 더 많은 사람이 발달장애나 자폐 스펙트럼에 대해 알고, 아이들의 행동과 마음을 이해할 수 있게 되기를 바랍니다.

# 아무거나 만지고 멋대로 가지고 놀아요

## 선생님에 따라서
## 주목하는 포인트가 다릅니다

아이가 화이트보드 지우개를 멋대로 집어 들고 알림 사항을 지우려 할 때 여러분이라면 어떻게 말리시겠습니까? 여러 가지 방법이 있겠지만, 보통은 다음과 같이 말리게 됩니다.

① 하지 말라고 말하면서 강제로 못 하게 한다
② 지우면 안 된다고 차분히 설명한다
③ 아무 말 없이 아이를 다른 곳으로 데려간다

만화에 등장하는 첫 번째 선생님은 지우면 안 된다고 설명하면서 말렸지만, 아이는 들은 척도 하지 않고 결국 알림 사항을 지워 버렸습니다. 한편 두 번째 선생님은 아이의 관심을 다른 쪽으로 돌려서 자연스럽게 옆방으로 데려갔습니다. 결론적으로 아이가 화이트보드로 장난치지 못하게 만드셨네요.

두 번째 선생님이 자연스럽게 아이를 말릴 수 있었던 비결은 무엇일까요? 언뜻 아이의 이름을 부르며 지우지 말라고 주의를 준 첫 번째 선생님이 더 확실하게 대응한 것처럼 보이지만, 결론적으로 아이의 행동을 말리지는 못했습니다. 두 선생님이 보인 대응에는 어떤 차이가 있었을까요?

아동 심리 전문가들은 아직 말을 제대로 이해하지 못하는 유아가 장난을 치려고 하면 꾸짖지 않고, 일단 손을 잡아서 다른 곳으로 데려갑니다. 말로 해서는 통하지 않거든요. 물론 아이가 초등학생 정도의 나이라면 우선은 하지 말라고 확실하게 말합니다.

다만 만화에 등장한 아이는 어느 정도 말귀를 알아듣는 네 살이기 때문에 손을 잡아서 말려야 할지, 말로 주의를 줘야 할지 판단하기 쉽지 않기는 합니다. **적절한 대응이 아이의 나이와 발달 단계에 맞춰서 미묘하게 달라지기 때문**에 판단하기 어려울 수 있습니다.

그래서 첫 번째 선생님은 주의를 주면 이해할 거로 생각했고, 두 번째 선생님은 말보다는 관심을 다른 쪽으로 돌리는 편이 낫다고 판단했습니다. 선생님에 따라서 주목했던 포인트가 달랐고, 이번 사례에서는 두 번째 선생님의 대응이 적절했습니다.

자연스럽게 나타나서 아이가 좋아하는 장난감을 보여주며 관심을 돌린다

## 구체적인 행동을 제시해 주세요

자폐 스펙트럼 특성을 보이는 아이는 **말에 포함된 의도를 잘 이해하지 못하기 때문에** 어른들이 단순히 '안 돼'라고 주의를 주기만 해서는 적절한 행동이 무엇인지 알지 못합니다.

'안 돼'라는 말만 들으면 무엇이 안 된다는 것인지, 왜 안 된다는 것인지 이해하지 못해서 더 혼란스러워 합니다. 따라서 그냥 안 된다고만 하지 말고 대신 **어떻게 해야 하는지 구체적인 행동을 제시해야 더 쉽게 이해합니다.**

또한 자폐 스펙트럼이 있는 아이가 장난을 치려고 할 때 말로 설명할 시간이 없다면 일단 다른 장소로 데려가는 것도 좋은 방법입니다. 아마 만화에 등장한 두 번째 선생님도 아이의 특성을 고려해서 손을 잡고 다른 곳으로 데려가는 방법을 선택하셨을 겁니다.

말로 설명하지 말고 다른 곳으로 데려가야 한다고 판단한 선생님

## 힌트는 아이의 행동에 있습니다

저는 평소에 항상 **아이들을 유심히 지켜봅니다.** 아이의 모습을 관찰하다 보면 아이를 더 깊이 이해할 수 있고, 이 아이에게는 어떻게 대응해야 할지 자연스럽게 떠오르기 때문입니다. 만화에 등장하는 두 번째 선생님도 아마 평소에 아이를 유심히 지켜보셨고, 그래서 '말로 설명하지 말고 일단 다른 곳으로 데려가자'라고 판단하셨을 겁니다.

이 책에서는 앞으로도 '아이를 유심히 관찰하는 행동'에 대한 중요성을 여러 번 강조할 겁니다. 그래서 아이의 모습을 글로만 설명하지 않고 만화로 표현했습니다. **만화 속 사소한 장면 하나에 아이를 이해할 수 있는 힌트**가 숨어 있습니다.

만화 속 장면을 가만히 보다 보면 그 상황에서 아이가 어떤 마음일지 느껴지실 겁니다. 다양한 사례들이 계속해서 이어지니 부디 끝까지 함께해 주시길 바랍니다.

## 그 친구랑만 있으면 꼭 싸워요

# 물리적 공간을 잘 활용하면 문제를 막을 수 있습니다

함께 있으면 사소한 일로 자주 다투는 아이들이 있습니다. 이런 경우 만화에서처럼 한 아이가 다른 아이를 때려서 실제로 문제가 발생하면 그때 두 아이를 떨어뜨려 놓을 수도 있지만, **애초에 싸울 상황을 만들지 않는 대응 방법**도 있습니다.

유진 샘이 계실 때는

둘이 싸우지 않잖아…

두 아이 사이에 물리적 공간을 만들어 주는 선생님

예를 들어, A 어린이가 놀고 있는 곳에 B 어린이가 나타났을 때 다툴 가능성이 크다면, 처음부터 B 어린이를 다른 방에서 놀게 하는 겁니다.

만약 두 아이가 반드시

같은 공간에서 활동해야 하는 상황이라면 **선생님이 두 아이 사이에 끼어서 '물리적 공간(Spacing)'을 만들어 주세요. 의도적으로 두 아이를 떼어 놓는 방법입니다.** 물리적 공간을 잘 활용하면 어느 정도 다툼을 막을 수 있습니다.

## 서로 성향이 맞지 않다면 되도록 부딪히지 않게 해 주세요

세상에는 아무리 좋게 보려고 해도 나와는 맞지 않는 상대가 있습니다. 자폐 스펙트럼 특성을 가진 아이도 똑같습니다. 그래서 평소에는 얌전하던 아이가 특정 아이와 함께 있기만 하면 갑자기 짜증을 내기도 합니다. 이때는 **두 아이의 접점을 줄여서 쓸데없이 부딪치지 않게 할 방법**을 생각해 봅시다.

어린이집에서 공원으로 산책하러 갈 때나 다른 방으로 이동할 때도 마찬가지입니다. 두 아이가 부딪힐 수 있는 위치에서 걸으면 아이가 충동적으로 상대 아이를 때릴 수도 있습니다. 이럴 때는 만화에서처럼 **선생님이 가운데에 서서 두 아이가 양쪽으로 따로 떨어져 걸을 수 있도록 하면 싸움이 벌어지는 일을 막을 수 있습니다.** 어쩌다 말다툼이 벌어진다고 해도 선생님이 바로 말릴 수 있겠네요.

약간의 물리적 공간을 만들어 주거나 활동 동선이 겹치지 않

선생님이 가운데 서서 두 아이를 떨어뜨려 놓는다

도록 조금만 배려해 주면 문제 행동을 예방할 수 있습니다. 만화 속 장면은 언뜻 아무 대응도 하지 않은 것처럼 보이지만, 사실은 두 아이를 배려하는 선생님의 노력이 잘 나타나 있습니다. 작은 배려로 문제를 예방하고 계시네요.

## 문제 예방은 어른이 해야 할 일입니다

가끔 유치원이나 학교에서 선생님이 'A가 또 B를 때렸어요'라며 아이의 행동을 문제 삼을 때가 있습니다. 하지만 '또'라고 말했듯 이미 알고 있는 문제였다면 그냥 두지 말고 먼저 적절하게 대응할 수 있지 않았을까요?

이번 사례에서도 CASE 1에서 강조했듯이 아이를 유심히 지켜보는 일이 중요합니다. **아이들이 문제를 일으켰을 때 주의를 주고 반성하게 하기보다는 아이들의 모습을 유심히 관찰해서 애초에 문제가 발생할 상황을 만들지 않는 것이 중요합니다.**

같은 문제가 여러 번 발생했다면 이는 아이가 문제 행동을 하기 때문이 아니라, 어른이 문제를 예방하기 위한 노력을 하지 않았기 때문입니다. 자주 다투는 아이들이 있을 때는 **두 아이를 각자 다른 장소에서 놀게 하거나 두 아이 사이에 어른이 끼어서** 적당히 물리적 공간을 만들어 주세요. 조금만 배려하면 문제가 발생하기 전에 미리 막을 수 있습니다.

# COLUMN 1

# 초등학교를 마칠 때까지는
# '피하는 것이 상책'

'물리적 공간(Spacing)'은 가족이 함께 외출했을 때도 큰 도움이 됩니다. 예를 들어, 시장을 볼 때 아이가 마트 안에 있는 물건을 함부로 만지고, 아무리 주의를 줘도 말을 듣지 않는다면 **처음부터 아이를 마트에 데려가지 마세요. 그러면 문제가 발생하지 않습니다.**

자폐 스펙트럼 특성이 있는 아이는 관심이 가는 물건이 보이면 저도 모르게 손을 뻗어 만지고 싶어 합니다. 다시 말해 애초에 눈에 보이지 않으면 만지고 싶어 할 일도 없다는 말입니다. 눈에 보이지 않도록 해서 문제 발생을 막으면 그만큼 아이를 혼낼 일도 줄어듭니다.

초등학교를 졸업할 때까지는 일단 문제가 발생할 상황을 피하는 것이 좋습니다. **'혼을 내서 겁을 주지 않았다가 평생 마트 물건을 함부로 만지면 안 된다는 사실을 인지하지 못하면 어쩌지?'**라고 걱정하실 수도 있지만, 결코 그런 일은 일어나지 않습니다. 아이가 '가게의 물건을 함부로 만지면 안 된다'라는 규칙을 이해할 나이가 되면 마트에 데려가도 자연스레 규칙을 지키게 됩니다. 일단 피하면서 시기를 기다리면 **한 번도 혼내지 않고 규칙을 지켜야 한다는 사실을 깨우치게 할 수 있습니다.**

# 먼저 말을 걸기는 하지만 상대의 말은 듣지 않아요

## 대화를 나눈다기보다는
## 취미를 즐기고 있는 겁니다

자폐 스펙트럼 특성을 가진 아이는 타인과의 소통을 힘들어 한다고 알려져 있습니다. 그런 면에서 보면 이번 사례에 등장하는 아이는 선생님에게 먼저 다가가 말도 걸고 이야기도 잘하니, 언뜻 자폐 스펙트럼과는 거리가 멀어 보이기도 합니다.

하지만 사실 이 사례는 자폐 스펙트럼 아이의 특성을 잘 보여주고 있습니다. 만화에 등장한 아이는 자기가 좋아하는 주제에 관해서는 적극적으로 말하지만, 관심이 없으면 아예 반응 자체를 보이지 않습니다. 대화 내용에 따라서 180도 다른 모습을 보여줍니다.

자폐 스펙트럼 특성을 가진 아이는 자기 관심 분야에만 집중하는 경향이 있습니다. 사실 아이는 지금, **대화를 나눈다기보다는 취미를 즐기고 있습니다.** 관심 있는 주제에 관해서 말하고 싶을 뿐이지, 다른 이야기를 하고 싶거나 단순히 대화를 나누고 싶은 것이 아닙니다. 이것이 자폐 스펙트럼을 가진 아이의 대화 방식입니다.

## 관심 여부에 따라 반응이 하늘과 땅 차이입니다

다시 만화의 장면을 떠올려 봅시다. 36페이지를 보면 아이는 자기가 좋아하는 게임에 관해서 열심히 이야기합니다. 어린아이가 맞나 싶을 만큼 게임과 게임 캐릭터에 관해 자세히 알고 있고, 어른에게도 밀리지 않을 정도로 마니아다운 이야기를 신나게 쏟아내고 있습니다. 이런 모습을 보면 아마 대부분은 이 아이가 말하는 걸 좋아한다고 생각할 겁니다.

하지만 37페이지를 보면 아이는 선생님이 불러도 아무런 반응을 보이지 않습니다. 대답은커녕 돌아보지도 않고 무시해 버리네요. 이러면 아이가

어른에게도 밀리지 않을 정도로 마니아다운 이야기를 신나게 쏟아낸다

관심이 없으면 무시한다

자신에게 친근감을 느끼고 있다고 생각했던 선생님은 이제 헷갈리기 시작합니다.

물론 사람은 누구나 주제에 따라 때로는 대화에 열을 올리기도 하고, 때로는 시큰둥해지기도 합니다. 자폐 스펙트럼이 있는 아이는 그런 경향이 다른 사람보다 훨씬 강해서 양방향 소통이 어려울 때가 많습니다. **관심 있는 주제가 나오면 일방적으로 말을 쏟아내고 관심 없는 주제가 나오면 입을 다물어 버립니다. 그러다 결국 '소통에 서툰 아이'로 낙인찍히기도 합니다.**

## 아이의 말에 귀를 기울이며 신뢰 관계를 쌓아보세요

만약 주변에 만화 속 사례와 같은 특징을 보이는 아이가 있다면 그 아이가 관심과 흥미를 보이는 주제로 대화를 이끌면서 인간관계를 넓혀가야 합니다.

아이가 좋아하는 이야기를 시작하면 만화 속 선생님처럼 적당히 귀를 기울여 주세요. "그렇구나"라고 대답하면서 관심을 보이고 어느 정도 이야기를 들어 줘야 합니다. 상대가 반응을 보여 주면 아이도 좋아하는 이야기를 할 수 있어서 신이 납니다. 그렇게 **아이와 신뢰 관계를 형성하면 차츰 아이의**

**관심 분야가 아닌, 다른 주제에 관해서도 대화를 나눌 수 있게 됩니다.**

　반면 만화에 등장한 '방울토마토'처럼 아이가 전혀 관심을 보이지 않는다면 억지로 대화를 끌어내려고 하지 마세요. 모두가 재미있어 하는 일이라도 누군가에게는 재미없는 일일 수 있습니다.

　반응이 없으면 더는 그 말을 꺼내지 말고, 대신 **아이가 관심을 보이는 주제로 꾸준히 대화를 나누어 보세요.** 관심 분야에만 집중하는 경향이 강한 아이와 소통할 때는 평소와는 다른 마음가짐이 필요합니다.

## 주의를 주면 오히려 더 재미있어 해요

## 장난이 습관으로 굳어졌을 수도 있습니다

유아기에 하는 장난은 자칫 그대로 버릇이 될 수도 있습니다. 툭하면 방의 전등 스위치를 껐다 켰다 하는 아이도 있고, 괜히 방문을 열었다 닫았다 하는 아이도 있습니다.

다섯 살쯤 되면 팔을 뻗어 전등 스위치를 켜고 끌 수 있을 만큼 키가 자라다 보니 그즈음에 스위치를 누르는 일에 재미를 붙이는 아이들이 많습니다. 이때 부모가 "하면 안 된다", "장난치지 말아라"라고 주의를 주면 그만두기도 하지만, 만화에서처럼 몇 번을 말해도 소용없을 때가 있습니다. 결국 아이의 손을 잡아 억지로 못하게 했다가 아이가 소리를 지르며 반항하는 통에 소란이 벌어지기도 합니다.

심지어 그중에는 단순히 **스위치를 누르는 행동만이 아니라 부모님에게 주의를 듣는 일까지를 하나의 놀이로 생각해서 같은 행동을 반복하는** 아이도 있습니다.

스위치를 누른다 → 부모님이 하지 말라고 주의를 준다 → 또 누른다 → 계속 관심을 끌 수 있다

아이는 이와 같은 사고 과정을 거쳐서 자신의 행동을 부모님의 관심을 받을 수 있는, 일종의 놀이로 인식하게 됩니다. 이때는 아무리 여러 번 주의를 줘도 장난을 멈추지 않습니다.

아이들이 장난을 치는 일은 어찌 보면 당연하지만, 자폐 스펙트럼 특성을 가진 아이는 특정 행동에 집착하면서 해당 행동을 바탕으로 습관을 형성하기도 합니다.

전등 스위치에 덮개를 씌운다

시중에 파는 투명한 덮개도 있지만 눈에 보이면 아이가 만지고 싶어 할 테니···

보인다

안보인다

무관심

직접 만든 덮개로 스위치가 보이지 않도록 가리는 것이 좋다

벽지와 비슷한 색으로 만드는 것이 포인트!

아래쪽은 막힌 형태로

열린다!

예를 들어, 스위치를 누를 때 느껴지는 감촉과 소리가 마음에 들면 같은 느낌을 계속 느끼고 싶어서 행동을 반복하게 됩니다. 이런 경우에는 부모님이 하지 말라고 말려도 쉽게 받아들이지 않습니다. 또한 앞에서도 설명했듯이 때로는 부모님에게 하지 말라고 꾸중을 듣는 일까지 포함해 '일종의 놀이'로 인식하기도 합니다.

## 집착 대상을 아이의 눈앞에서 치워 주세요

집착하는 성향이 강한 아이에게 집착을 버리는 일을 가르치기란 쉬운 일이 아닙니다. 따라서 버릇으로 굳어졌다가는 곤란해질 장난이라면 처음부터 하지 못하게 해야 합니다. 하지만 사실 만화에서처럼 모르는 사이에 이미 버릇이 되어 버린 일도 있을 겁니다.

이때는 말로 주의를 주기보다는 **환경을 바꾸는 방법**이 더 효과적입니다. 예를 들어, 스위치가 문제라면 **스위치에 덮개를 씌워서 눈에 보이지 않도록** 해 보세요. 아이는 자기 손이 닿는 위치에 스위치가 있기 때문에 누르고 싶어 하는 겁니다. 따라서 벽에 있는 스위치가 보이지 않으면 함부로 누르는 일도 줄어듭니다.

물론 완전히 덮어버리면 어른도 불을 켤 수 없으니 앞의 그림처럼 **'어른은 열 수 있지만 아이는 열 수 없는 덮개'**를 씌워 보세요. 처음에는 아이가 싫어할 수도 있지만, **'전등 스위치는 어른이 조작하는 물건'**이라고 인지하면 자연스럽게 받아들이고 관심을 다른 행동으로 돌릴 겁니다.

## 학교생활에 적응하지 못해요

# 자폐 스펙트럼 아이의 생활은 처음이 가장 중요합니다

앞서 CASE 4에서 아이가 특정 행동에 집착을 보일 때 버릇으로 굳어지면 곤란해질 행동은 처음부터 하지 못하게 해야 한다고 설명했습니다.

사실 이런 자세는 CASE 4의 사례에서만이 아니라 자폐 스펙트럼 특성을 가진 아이의 집착 성향에 대응할 때 가져야 할 기본 전제라 할 수 있습니다. 자폐 스펙트럼 아이의 생활은 처음이 가장 중요합니다.

**처음에 적절한 행동 패턴을 몸에 익히면 그 후에는 형성된 패턴에 따라 행동하기 때문에 평탄하게 생활할 수 있습니다.**

반면 처음에 모두에게 불편을 줄 수 있는 행동이 몸에 익어 버리면 그때부터 모두가 힘들어지는 겁니다. 물론 모든 아이에게 처음은 중요하지만, 자폐 스펙트럼 특성을 가진 아이에게는 특히 더 중요하다는 사실을 잊지 마세요.

## '더디더라도 조금씩' 적응할 가능성은 희박합니다

만화를 보면 초등학교에 입학한 아이가 첫날 자기 자리에 앉아 있지 않았습니다. 선생님은 차츰 적응해 갈 거라고 말씀하셨지만 몇 달이 지나도 아이는 수업 중에 교실에서 뛰쳐나가거나 바닥에 드러누워 버리네요.

이런 행동을 보면 어른들은 대부분 '문제 행동'이라고 생각합니다. 그리고 '문제 행동'은 노력하면 더디더라도 조금씩 좋아질 거라고 말합니다.

하지만 그런 방침으로는 문제를 해결할 수 없을 때가 더 많습니다. 그러다 결국 만화에서처럼 수업에 적응하지 못해서 몇 달이나 시간만 허비하게 되는 일이 종종 있습니다.

이때는 천천히 적응시키기보다 **처음부터 아이가 참여하기 편한 환경을 만들어 주는 편이 좋습니다.** 학교 측에서 미리 아이의 특성을 파악한 다음, **어떤 활동이 아이의 집중도를 높일 수 있을지 생각해서 수업을 준비하면 이른바 '문제 행**

몇 달이 지나도 적응하지 못한다

동'을 줄일 수 있습니다.

예를 들어, 도움반 책상에는 아이가 좋아하는 책을 올려두면 어떨까요? 좋아하는 책을 본 아이가 "나 이 책 알아"라고 관심을 보이며 자리에 앉고, 바로 책을 읽는 데 열중할 수도 있습니다. 첫날 교실과 책상에 익숙해지면 그 후의 수업에도 자연스럽게 참여하게 될 겁니다.

**첫날에 노력했지만 잘되지 않았다고 해서 포기하지 마세요. 다음 날 다른 방법으로 수업에 참여하기 편한 환경을 만들어 주면 됩니다.** 시행착오를 거듭하다 보면 결국 아이에게 맞는 방법을 찾을 수 있을 겁니다.

## 어른들이 정보를 교환해서
## 아이가 참여하기 편한 환경을 만들어 주세요

발달장애가 있는 아이의 학교생활 이야기를 듣다 보면 입학하고 반년이 지나서야 겨우 적응했다는 말을 들을 때가 있습니다. 그렇게 긴 시간이 걸렸다는 이야기를 들으면 참 안타깝습니다. **학교에서 아이를 세심하게 지켜보았다면 하루나 이틀, 길어도 한 달 정도면 아이가 적응할 수 있었을 겁니다.**

초등학교는 신입생을 받을 때 보호자나 어린이집, 유치원을 통해서 아이의 특성에 관한 정보를 듣게 됩니다. 이때 전달받은 정보를 바로 수업에 적용하는 학교가 있는가 하면 자신들만의 방식에 따라 아이를 지도하면서 상황을 지켜보는 학교도 있습니다. 당연히 바로 적용하는 학교일수록 아이가 더 빨리 적응하게 됩니다.

**처음부터 수업에 자연스럽게 참여하게 되면 아이도 쓸데없는 스트레스를 받을 일이 없습니다.** 그만큼 보호자나 학교 선생님의 고민도 줄어들 겁니다. 그러니 우리 어른들이 사전에 정보를 교환해서 아이가 수업에 참여하기 편한 환경을 만들어 줘야 하지 않을까요?

# 항상 같은 길로만 다니려고 해요

## 평소와 똑같아야
## 안심할 수 있기 때문입니다

자폐 스펙트럼 특성을 가진 아이는 이번 사례처럼 '평소와 똑같은' 것에
집착하는 경향이 있습니다. 부모님 눈에는 왜 이렇게까지 다른 것을 거부
하는지 이상하게 보이실 겁니다.

하지만 사람은 누구나 **'평소와 똑같
은' 것에서 편안함을 느낍니다.** 혹시 잠
옷 바지처럼 앞뒤가 잘 분간되지 않
는 옷을 입을 때 거꾸로 입었던 적
없으신가요? 사실 옷을 거꾸로 입
었다고 해서 생활을 할 수 없는 건
아니지만, 역시 앞뒤가 바뀌어 있으
면 어딘지 모르게 기분이 어색해서

같은 길에 집착하는 아이

바꿔 입게 됩니다. 이 또한 '평소와 똑같은' 것을 선호하는 인간의 본능 때문입니다.

옷의 앞뒤가 바뀌면 대부분이 이상하다고 느끼지만, 어떤 사람은 이와 비슷한 감각을 더 다양한 상황에서 느끼기도 합니다. 예를 들어, 가구 배치가 바뀌면 안절부절못하며 불안해 하는 사람도 있습니다.

## 자폐 스펙트럼 아이에게는
## 판에 박힌 듯이 '똑같은' 행동이 중요합니다

자폐 스펙트럼 특성을 가진 아이는 다른 사람들보다 훨씬 더 변화에 민감하다고 생각해야 합니다. 이런 아이가 **늘 변하는 환경에서 생활하면서 평소와 다른 일을 계속 겪으면 몸도 마음도 지칠 수밖에 없습니다.**

유치원에 다니고 있다면 매일 똑같은 일정으로, 똑같은 친구들과 시간을 보낼 수만은 없습니다. 아이는 다양한 상황에서 매일 새로운 일을 경험하게 됩니다. 아마도 변화를 싫어하는 아이에게는 혼란스러운 날들의 연속일 겁니다.

아이가 같은 길을 고집하는 이유는 늘 새로운 경험을 쌓아가야 하는 생활이기에 적어도 다니는 길 정도는 변하

변화를 싫어하는 아이는 적어도 평소 다니는 길 정도는 늘 똑같기를 바란다

지 않기를 바라기 때문입니다. 만화 속 아이도 그렇게 느끼고 있을지 모르겠네요.

그 밖에 같은 길로 다녀야 상쾌한 기분을 느끼는 아이도 있고, 평소 정해 놓은 규칙대로 행동하면 성취감을 느끼는 아이도 있습니다. 어떻게 느끼는지는 아이마다 다르지만, 공통적으로 '평소와 똑같다'라는 부분을 중요하게 생각합니다.


## 마음이 안정되면
## 아이가 먼저 새로운 경험을 원하게 됩니다

어른들은 아이가 다양한 경험을 쌓기를 바랍니다. 그래서 경험의 폭을 넓혀주려고 일부러 낯선 장소에 데려가거나 해 본 적 없는 활동에 참여시킵니다. 집착하는 성향이 강한 아이일수록 변화에 익숙해지도록 해야 한다고 주장하기도 합니다.

하지만 이와 같은 대응은 '평소와 똑같은' 것을 좋아하는 아이에게 부담으로 작용할 수 있습니다. **계속해서 낯선 경험을 하다가 지치고, 그러다 아이가 새로운 활동에 대한 의욕 자체를 잃어 버리게 될 수도 있습니다.**

어른들은 아이가 평소 다니는 길에 집착을 보이면 변화에 익숙해지도록 해 줘야 한다는 생각에 오늘은 다른 길로 가자고 유도하지만, 아이는 강하게 거부합니다. 이런 식의 접근 방법은 아이에게 스트레스만 줄 뿐입니다.

실랑이를 벌이다가 결국 같은 길로 가게 될 거라면 **처음부터 평소에 다니던**

**길로 가는 편이 좋지 않을까요?** 똑같은 생활 패턴에 집착하는 아이는 매일 판에 박힌 듯한 일상을 반복해야 안정감을 느낍니다. 안심할 수 있는 환경에서 편하게 지내다 보면 오히려 아이가 먼저 다른 길에 흥미를 보이기도 합니다.

아이러니한 말이지만, **새로운 경험을 시키지 않아야 오히려 여유가 생기고 시야가 넓어지는 아이**도 있습니다.

# COLUMN 2

## 자폐 스펙트럼이 있는 아이는
## 어떤 식으로 생각할까?

앞서 CASE 5의 해설에서 '처음이 가장 중요하다'라고 언급했습니다. **자폐 스펙트럼 특성을 가진 아이는 행동할 때 패턴을 만드는 경향**이 있습니다. 항상 같은 패턴으로 행동하기 때문에 처음에 올바른 패턴을 만들어 두면 문제가 발생할 확률을 낮출 수 있습니다. 따라서 학교 측이 첫날에 아이가 집중할 수 있는 활동을 준비해 두어야 합니다.

올바른 패턴을 만드는 대응법은 **특정 행동을 못 하게 할 때도 효과적**입니다. 예를 들어, 지나가다가 자동판매기를 본 아이에게 주스를 사주면 아이는 같은 곳을 지나칠 때마다 사달라고 조르게 됩니다. 이런 행동을 막는다는 의미에서도 처음이 중요합니다.

다음에 제시한 만화에서 엄마는 '오늘만'이라고 약속하면 괜찮다고 생각했지만, 아이는 애당초 약속할 생각이 없었던 모양입니다. 오히려 '이 자동판매기에서는 주스를 살 수 있다'라는 행동 패턴을 배웠을지도 모릅니다. 아이가 협상의 여지가 있다는 사실을 알았기 때문에 그다음부터는 말이 통하지 않게 된 겁니다.

아이에게 행동할 때 패턴을 만드는 경향이 있다면 **만화의 두 번째 컷에서 엄마는 '처음이 중요하다'라는 사실을 떠올리고 주스를 사 주지 말았어야 합니다.** 먼저 해당

**행동이 매번 하는 습관이 되어도 괜찮은지** 곰곰이 생각해 봐야 합니다. 주스는 안 되지만 물이나 차 종류라면 괜찮을 수도 있습니다. 그렇다면 처음부터 '물이나 차를 마시자'라고 약속하고 사 주는 방법이 있겠네요.

물론 어떤 아이에게는 '오늘은 안 돼'라는 협상이 통할 수도 있습니다. 하지만 행동 패턴에 집착하는 아이는 "오늘은 안 돼", "오늘은 잔돈이 없어"라고 타일러도 이해하지 못할 때가 있습니다. **모든 현상에서 일관성이나 지속성, 법칙성을 중시하는 아이도 있다**는 사실을 잊지 마세요.

혹시 만화처럼 특정 자동판매기 앞을 지나갈 때마다 아이가 주스를 사달라고 하는 습관이 생겨 버렸다면 **어떻게 아이를 설득할지 고민하기보다는 아예 그 길로 지나가지 않는 편**이 나을 수도 있습니다.

## 똑같이 '모 아니면 도'라고 생각하세요

CASE 4에서 아이가 전등 스위치로 장난을 치는 사례를 소개했습니다. 장난을 치고 부모님께 주의를 듣는 것까지를 일종의 놀이로 생각하는 아이의 사례였습니다. 이 또한 행동 패턴이라고 볼 수 있습니다. 이에 CASE 4에서는 **대응법으로 스위치에 덮개를 씌우는 방법**을 소개했습니다만, 이 또한 **'협상의 여지를 없애는 대응법'**입니다. 스위치 누르기를 좋아하던 아이라도 **제힘으로는 어쩔 수 없다는 사실을 깨달으면 빨리 포기하게 됩니다.**

따라서 아이가 절대 하지 말았으면 하는 일은 처음부터 절대 할 수 없는 환경을 만들어 줘야 합니다. 아이에게 부모의 지갑에서 돈을 꺼내 가는 습관이 생겼고 하지 말라고 아무리 타일러도 같은 행동을 반복한다면 처음부터 지갑을 서랍에 넣고 잠가 두세요. 문제가 발생하지 않게 막을 수 있습니다.

자폐 스펙트럼 특성을 가진 아이는 대부분 'All or nothing(모 아니면 도)'과 같은 사고 방식을 가지고 있습니다. **특정 행동 패턴에 집착하고 그 외에 다른 것을 받아들이지 않습니다. 법칙성에 강하게 집착하는 아이에게는 선택지가 모 아니면 도, 둘 중 하나밖에 없습니다.**

이런 유형의 아이와 그때마다 협상하려고 하면 대화만 꼬일 뿐입니다. 이때는 어른도 'All or nothing'이라는 생각을 바탕에 두고 **'매번 이 패턴으로 행동해도 용인할 수 있는지'** 아니면 **'처음부터 못 하게 할 것인지'**로 선택지를 좁혀서 대응해야 합니다. '처음이 가장 중요'하다는 말에는 많은 의미가 포함되어 있습니다.

# CASE-7

## 밖에 나가면 인사를 안 해요

# 아이가 정말 인사를 하지 않았는지 다시 생각해 보세요

이번 사례는 저도 진찰실에서 자주 겪는 일입니다. 부모님들은 언뜻 자녀가 인사를 안 했다고 생각하십니다. 그래서 "어서 인사드려야지", "이럴 때 어떻게 인사하라고 했지?"라면서 아이를 채근하기도 합니다. 아마 만화를 본 독자분 중에도 인사를 안 하는 아이에게는 어떻게 인사 예절을 가르쳐야 할지 궁금했던 분이 계셨을 겁니다.

하지만 **이번 사례의 핵심은 '인사를 하지 않는 아이'가 아닙니다. 아이는 인사를 했지만 부모님 눈에 보이지 않았던 것뿐**이거든요.

만화에 등장한 진찰이 끝난 상황을 다른 각도에서 다시 한번 살펴봅시다(64페이지). 의사

부모님 눈에는 인사를 안 한 것처럼 보이지만 사실은……

선생님이 "하은아 잘 가"라고 말하면서 손을 흔들었을 때 사실 아이도 살짝 손을 흔들었습니다. 이 행동이 아이에게는 나름의 인사입니다. 그 순간에 의사 선생님에게 인사를 했던 겁니다. 이미 손을 흔들어서 인사를 했기 때문에 아빠가 "안녕히 계세요"하고 인사드리라고 재촉했을 때 반응이 약했던 겁니다.

아이의 행동은 앞의 만화에서처럼 어른의 상식과는 다른 형태로 표현되기도 합니다. 부모는 안 했다고 생각하지만 아이는 나름의 방식으로 하고 있었을 때가 종종 있습니다.

어른들은 아이에게 인사 예절을 가르칠 때 일반적인 상식에 따라 '큰 목

다른 각도에서 아이의 행동을 지켜보면 보인다

소리로', '상대의 얼굴을 바라보며', '정중한 말로' 해야 한다고 가르칩니다. 그리고 아이가 자신이 가르친 틀에 맞춰 인사하지 않으면 인사를 잘 못한다고 생각해 버립니다.

하지만 그 전에 **아이가 어떤 방식으로 인사를 하는지를 생각해 보면 그 아이 나름의 인사법이 보일 겁니다.** 손을 흔들어서 인사하는 방식 외에도 고개를 까딱 숙인다든지, 작게 중얼거린다든지, 눈을 맞추지는 않아도 대답은 한다든지, 방식은 다양합니다.

어른이 먼저 아이의 인사 방식을 파악해서 **아이의 방식에 맞춰 인사를 받아주면 아이에게 인사하고자 하는 동기를 심어줄 수 있습니다.**

## 부모가 본을 보여주면 아이도 쉽게 이해해요

우리 아이만의 인사 방식을 알았다면 어린이집이나 유치원 선생님에게도 알려 주세요. 예를 들어, 알림장에 '우리 아이는 요즘 손을 살짝 흔드는 방식으로 인사를 합니다'라고 적어두면 선생님도 아이의 인사에 제대로 반응을 보여줄 수 있습니다.

만화에 등장한 아이처럼 초등학생이라면 학교 선생님과 학부모 면담을 할 때 인사 방식에 관한 이야기를 나누어 보세요. 선생님이 아이의 특성을 이해하는 좋은 기회가 될 겁니다.

또한 **가족이 먼저 본을 보여주거나 부모와 아이가 함께 인사를 하는 것도 좋은 방법입니다.** 예를 들면, 진찰실에 들어올 때 부모님이 셋을 세면 같이 인사하기로 하고 문을 열 수도 있겠네요. 아이에게 "어떻게 인사드리라고 했지?" 라고 묻는 대신 먼저 올바른 방식을 보여주고, 함께하면서 가르쳐 주는 겁니다.

집에 돌아왔을 때도 하나, 둘, 셋에 함께 "다녀왔습니다"라고 인사하면서 들어가 보세요. 자폐 스펙트럼 특성을 가진 아이들은 입장의 차이를 잘 이해하지 못합니다. 그래서 **집에 돌아왔을 때 '어서 오렴'하고 인사하면 똑같이 '어서 오렴'하고 대답하기도 합니다.** 이때 '다녀왔습니다'라고 해야 한다고 주의를 주기보다는 '다녀왔습니다'라고 같이 인사를 하는 편이 더 효과적입니다. 본을 보여주면 아이가 훨씬 쉽게 이해할 수 있습니다.

같이 인사하면서 아이에게 자연스럽게 인사 예절을 가르치는 작전

# COLUMN 3

## 때가 되면 알아서 하게 되니
## 신경 쓰지 마세요

**자폐 스펙트럼 특성을 가진 아이는 중학생쯤 되어서야 자발적으로 인사를 하는 경우**
도 드물지 않습니다.

그런데 아이러니하게도 이 시기(사춘기)는 어릴 때 활기차고 명랑하게 "안녕하세요!"
하고 인사하던 일반적인 아이들이 인사에 소극적인 모습을 보이기 시작하는 때입니다.

평균적인 아이들의 발달 과정을 보면 '어른에게 인사하기'라는 행동에 대한 적극성
은 계속해서 상승 곡선을 그리는 것이 아니라 사춘기에 들어서면 일단 감소했다가 성인
기가 되면 다시 증가하는, 지그재그 형태의 곡선을 그립니다. 반면 자폐 스펙트럼을 가
진 아이들은 그들 특유의 발달 형태를 보입니다.

인사는 상대에게 친밀감을 표현하고 원활한 대인 관계를 유지해 줍니다. 하지만 자
폐 스펙트럼을 가진 유아기나 아동기의 아이들은 인사의 의미를 완전히 이해하지 못하
기 때문에 자발적으로 씩씩하게 인사하기 어려울 수 있습니다. 하지만 **자폐 스펙트럼**
**을 가진 아이도 성인이 되면 자발적으로 인사를 합니다.** 지그재그 형태의 성장 곡선
을 그리지 않아도 성인이 되어서 제대로 인사 예절을 지킨다면 괜찮지 않을까요? 그때
까지는 어른이 먼저 본을 보이거나 함께 인사를 하면서 가르쳐 주세요. 여유를 가지고
기다려 주면 그들도 자연스레 성장합니다.

## 가구 위에서 뛰어내리는 위험한 행동을 해요

## 부모님이 '안전한 것'과 '위험한 것'을 구별해 주세요

아이가 자꾸만 높은 곳에 올라가려고 할 때는 어떻게 해야 할까요?

다치면 위험하니 하지 말라고 설명했을 때 아이가 바로 부모의 말을 이해하면 좋겠지만, 그렇게 쉽게 넘어갈 문제라면 고민할 이유가 없을 겁니다. 현실은 만화에서처럼 방금 타일렀는데도 엄마가 돌아서자마자 다시 가구 위로 올라가는 일이 태반입니다.

주의를 줘도 아이의 행동이 바뀌지 않는다면 차라리 다시 주의를 줘봤자 소용없다고 생각하는 편이 낫습니다.

저는 이럴 때 **말로 경고하는 대신 부모님이 '올라가도 되는 것'과 '올라가면 안 되는 것'을 구분해서 환경을 바꿔 주는 방법**을 권합니다.

## 위험하지 않다면 놀게 해 주세요

크기에 따라서는 올라가서 놀아도 괜찮은 가구도 있습니다.

낮은 서랍장 같은 가구라면 '올라가도 안전한 것'으로 분류해서 아예 놀이 기구로 이용할 수도 있습니다. 물론 계속 올라가면 부서지거나 앞으로 쓰러질 우려가 있는 가구는 피해야겠지만, 특별히 위험 요소가 없다면 **놀이의 하나로 인정해 주는 것도 좋은 방법**입니다.

어떤 집은 아예 가구에 계단을 만들어서 실내 놀이방으로 꾸며 줬다고 하네요.

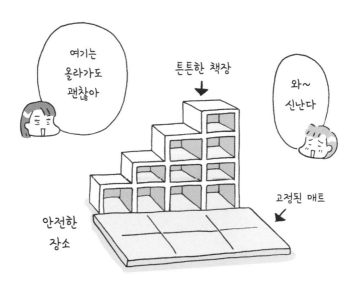

바닥에는 침대 매트리스나 낮잠용 매트를 깔아 둔다

## 위험하다면 환경을 바꿔서 못 하게 해야 합니다

하지만 만화에 등장한 옷장 같은 가구는 '올라가면 위험한 것'에 해당합니다. 아니나 다를까 만화 속 아이도 올라가려다가 떨어지고 말았네요. **아이가 올라가고 싶어 하지만 위험할 수 있다면 애초에 올라갈 생각조차 하지 못하게 만들어야 합니다.**

만화에서는 근처에 쓰레기통이 있어서 아이가 밟고 올라가려고 했습니다. 그러니 우선 발판이 될 만한 물건부터 치워야 합니다. 또한 가구 위에 물건을 올려서 올라갈 공간 자체를 없애는 방법도 효과적입니다. 가구를 아이가 들어갈 수 없는 방으로 옮기는 것도 고려해 보세요.

그리고 또 한 가지, 문단속도 항상 신경 써야 합니다. 만화에 등장한 엄마는 아이가 이러다 베란다 난간을 넘어가려고 하면 어쩌나 불안해합니다. 그렇다면 창문 잠금장치를 아이가 열 수 없는 제품으로 교체하는 건 어떨까요?

쓰레기통이 밟고 올라갈 수 있는 발판이 된다면 주변에서 치우고, 가구 위에 물건을 올려서 올라갈 공간을 없앤다

학교에서도 옥상 문 열쇠는 엄격하게 관리합니다. 건물 **상층부의 창문은 아이들 몸이 통과할 수 없을 만큼만 열리도록 열림 방지 장치**를 설치하기도 합니다. 가정에서

도 이와 같은 안전 확보 방법을 적용할 수 있을지 검토해 봅시다.

가구에 올라가지 말라고 아무리 말해도 좀처럼 이해하지 못하고 받아들이지 않는 아이도 있습니다. 자폐 스펙트럼 특성을 가진 아이는 특정 놀이에 강한 집착을 보이는 경향이 있기 때문입니다.

따라서 **위험하니까 하지 말라고 아무리 타일러도 그만두지 않는다면 '놀이로서 인정해 줄 것인지' 아니면 '사고를 예방할 것인지'로 나누어서 생각해야 합니다.**

안전한 행동이라면 '놀이'로서 인정해 주고, 위험한 행동이라면 '사고를 예방'하기 위해 환경을 바꿔야 합니다. 어느 쪽인지 확실히 정해서 대응하면, 아이의 집착 성향을 어느 정도는 채워 주면서 위험 요소를 제거할 수 있습니다.

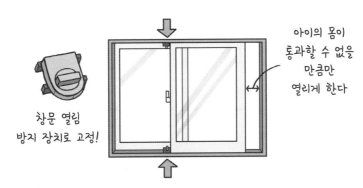

아이의 몸이
통과할 수 없을
만큼만
열리게 한다

창문 열림
방지 장치로 고정!

창문 열림 방지 장치는 인터넷 쇼핑몰이나 생활용품 판매점에서 구매할 수 있다

# 옷입기, 식사 같은 일상적인 행동을 스스로 하지 않아요

# 아이가 이해하기
# 힘든 방식일지도 모릅니다

이번 사례는 일상적인 행동을 알아서 하지 않는 아이에 관한 이야기입니다. 이번 만화에는 초등학교 저학년 아이가 등장했네요. 이 나이대 아이는 아직 어려서 혼자서는 잘하지 못하는 측면이 있기도 합니다. 하지만 어쩌면 현재 생활 흐름이 아이에게 이해하기 어렵기 때문일 수도 있습니다. 이런 경우는 아이가 실천하기 쉬운 방법으로 바꾸면 해결할 수 있습니다.

그저 단순히 주의만 줘서는 고학년으로 올라가도, 어쩌면 중학생이 되어서도 똑같은 문제로 고민해야 할 수 있습니다. 따라서 말로 타이르는 방법 외에 대응 방식을 바꾸는 것도 함께 검토해야 합니다.

아이가 쉽게 실천할 수 있는 방법을 찾을 때는 **시각 정보를 활용**해 보세요. 예를 들면, 일상적으로 하는 일들을 스케줄표로 만들어 보는 겁니다.

오후 8시에는 '목욕하기', '잠옷으로 갈아입기', '양치하기', '내일 학교 갈 준비하기'와 같은 할 일을 스케줄표에 적어 둡니다. 일찍 끝내면 남은 시간에는 만화책을 읽어도 된다는 조건을 달아도 좋겠네요. **매일 해야 할 일들을 보이는 곳에 적어 두면 아이가 어느 정도는 스스로 하려는 의지를 보이기도 합니다.**

이런 방식을 **'시각적 구조화'**라고 합니다. 발달장애 치료의 기본 개념 중 하나인 '시각적 구조화'는 시각 정보를 활용해서 이해하기 쉬운 틀을 제시하고, 쉽게 실천할 수 있는 환경을 구축하는 것을 의미합니다. 다만 이해도는 사람마다 다르기 때문에 틀을 만들 때는 반드시 각각의 아이에게 맞는 방식으로 만들어야 합니다.

## 지시할 때는 되도록 구체적으로 말해 주세요

**자폐 스펙트럼 특성을 가진 아이에게 "똑바로 해라"와 같이 추상적으로 지시하면 아이는 잘 이해하지 못합니다.** '오후 8시부터 9시까지는 샤워를 한다', '옷을 벗으면 세탁 바구니에 넣는다'와 같이 구체적으로 말해야 쉽게 이해합니다. 또한 말보다는 글자나 그림을 이용해서 시각적으로 보여주는 편이 더 좋습니다.

아직 어려서 혼자 양치질을 하지 못하는 아이에게는 양치하는 방법을 차근차근 가르쳐 줘야 하는데, 이때도 시각적으로 보여주는 편이 더 효과적입니다.

반면 혼자서 양치질을 할 수 있으면서도 어른이 하라고 말해야만 움직이는 아이에게는 스케줄표를 이용해서 스스로 할 수 있는 환경을 만들어 줘야 합니다.

이때 스케줄표에 글자만 가득하면 눈에 잘 들어오지 않으니 그림이나 사진을 이용하는 것도 좋은 방법입니다. **요즘은 생활용품 판매점에 가면 '옷 갈아입기', '식사', '화장실'을 의미하는 그림이 그려진 고무 자석을 쉽게 구할 수 있습니다.** 이런 아이템을 이용해서 할 일을 하나씩 끝낼 때마다 자석을 떼어내도록 하면 어떨까요?

그림 카드를 이용해
일상적인 일을 스케줄표로 만든다

저렴하고
유용한

접착 메모지에
써서 붙여도 OK!

거실같이
잘 보이는 곳에
붙여 둔다

## 한 번에 하나씩 완료할 수 있도록 해 주세요

자폐 스펙트럼 특성을 가진 아이는 일반적으로 여러 작업을 동시에 진행하지 못합니다. 따라서 자석을 이용해 매일 해야 하는 일상적인 일들을 하나씩 순서대로 해나가는 습관을 들이는 것이 좋습니다. 그러면 어느새 혼자서도 목욕이나 양치질을 척척 잘 해내게 될 겁니다.

저는 당장 자석이 없으면 **접착용 메모지에 해야 할 일을 적어서 붙이기도 합니다.** '방 정리'라고 적은 메모지를 붙여서 해야 할 일을 보여주고, 완료하면 떼어내는 식입니다. 이런 간단한 방법만으로도 충분합니다. 다양한 형태로 우리 아이가 가장 잘 이해할 수 있는 방법을 찾아보시길 바랍니다.

# COLUMN 4

# '시각 정보'에 의존하면
# 자립할 수 없다?

CASE 9에서는 일상적인 일들을 스스로 하지 않는 아이의 사례를 소개했습니다. 사례에 등장한 아이는 엄마가 씻을 시간이라고 말하지 않으면 먼저 움직이지 않았습니다. 이에 대응책으로 시각 정보를 활용하는 방법을 소개했습니다. 스케줄표를 이용해서 스스로 실천할 수 있는 환경으로 만들어 주면 일상적인 일들을 습관으로 만들 수 있습니다.

그런데 간혹 부모님들에게 이 방법을 알려드리면 **"그러다가 영영 그 상태로 자라서 나중에 자립하지 못하면 어쩌죠?"**라는 질문을 받기도 합니다.

마찬가지로 "아이가 어릴 때야 부모가 이런저런 도움을 줄 수 있지만, 언제까지 도와 줘야 할까요?"라거나, "말로 가르치는 방식으로 조금씩 바꿔 가는 편이 좋지 않을까요?"라고 묻기도 하십니다.

이해합니다. 무슨 일이든 일일이 챙겨 줘야 하는 날들이 계속되면 걱정이 되는 건 당연합니다. 그래서 이 자리를 빌려 부모님들의 의문과 불안에 답변을 드리려고 합니다.

"이대로 자라도 나중에 괜찮을까?"
"내가 너무 다 해 주는 걸까?"
부모님의 고민은 끝나지 않는다

## 인간은 성인이 될수록 '시각 정보'에 더 많이 의존합니다

저는 불안해 하는 부모님들께 이렇게 이야기합니다. **"사람은 나이를 먹을수록 오히려 시각 정보를 더 많이 이용합니다."**

생각해 봅시다. 우리는 개인 생활에서든, 일에서든 중요한 계약을 할 때는 반드시 서류를 보면서 이야기합니다. 그뿐만 아니라 논의의 결과도 서류에 기록해서 서로 잊지 않도록 보관합니다.

물론 어린 시절의 사소한 습관, 예를 들어 '목욕'이나 '양치질' 정도라면 말로 설명해도 충분하겠지만, **성인이 되어서 복잡한 일을 처리할 때는 누구나 시각 정보를 사용**합니다. 다시 말해 시각 정보에 의존하는 일은 특별히 이상한 일이 아닙니다.

또한 시각 정보의 활용 정도는 사람마다 다릅니다. 여러분 주변에도 습관적으로 메모를 하는 사람이 있는가 하면 간단한 일은 말을 주고받으면서 머릿속으로 기억하는 사람도 있을 겁니다. 모두가 각자 자기에게 맞는 활용법을 사용합니다.

아이에게도 아이에게 맞은 활용법을 가르쳐 주는 일일 뿐입니다. 그래서 저는 일상적인 일들을 습관으로 만들 때 시각 정보를 활용하는 방법을 추천합니다.


## 어려서 시각적 도움을 받아야 커서 자립할 수 있습니다

시각 정보를 이용하면 자폐 스펙트럼 특성을 가진 아이를 더 쉽게 행동하게 만들 수 있습니다. **오히려 더 일찍 활용해서 시각 정보에 익숙해지는 편이 더 빨리 자립할 수 있는 길이기도 합니다.** 자기에게 맞는 방법을 빨리 찾으면 그만큼 생활을 안정적으로 영

위할 수 있고, 활동 범위도 넓힐 수 있기 때문입니다.

　제가 오랫동안 지켜봐 온 한 가족은 아이가 어릴 때부터 시각 정보를 활용했는데, 덕분에 성인이 된 지금은 스스로 자기 생활을 시각적으로 구조화할 수 있게 되었습니다.

　예를 들어, 병원에서 약을 처방받으면 달력에 약봉지를 붙여서 언제 어떤 약을 먹어야 하는지 알 수 있게 해 둔다고 하네요. 그는 이 방법이 자신에게 맞다는 사실을 완벽하게 이해했고, 지금도 생활 속 다양한 상황에서 자신만의 방법을 찾아가고 있습니다. 어린 시절부터 시각적인 도움을 받은 덕분에 성인이 되어서 스스로 행동할 수 있게 된 좋은 사례입니다.

## 사소한 일로 갑자기 짜증을 내요

# '집착'과 '짜증'은 별개의 문제입니다

자폐 스펙트럼 특성이 있는 아이는 자신만의 규칙이나 순서에 집착하기 때문에 자기가 정해놓은 대로 일이 진행되지 않으면 갑자기 짜증을 내기도 합니다. 이와 관련해서 CASE 6에서도 평소 다니던 길에 집착하며 고집을 부리는 아이의 사례를 소개했습니다.

이번 사례에 등장한 아이도 **규칙과 배치에 집착하는 유형**인 모양이네요. 이 아이에게는 식사 중에 '오늘은 아빠가 여기, 엄마는 여기'라고 위치를 정해놓고 해당 위치에 집착하는 성향이 있습니다. 자기가 정해놓은 형태가 무너졌기 때문에 울음을 터트렸을 겁니다. 어른들은 '집착하는 성향이 강하고 짜증을 잘 내는 아이'를 보면 그저 성격이 '까탈스러운 아이'라고 생각합니다.

하지만 이런 유형의 아이를 대할 때는 **'집착'과 '짜증'을 별개의 문제로 생각**

**해야 합니다.**

'집착'은 무언가를 특별히 강하게 선호하는 마음입니다. 집착 대상을 다른 무엇보다 우선하는 마음, 다시 말해 본능적으로 끌리는 마음입니다. 한편 '짜증'은 불쾌한 감정에서 유발되는 말과 행동입니다. 불안과 공포, 분노를 느꼈기 때문에 울거나 소리를 지르고 날뛰는 겁니다. 즉, 짜증은 이차적으로 발생하는 말과 행동입니다.

집착하는 성향이 있음 ─→ 주변에서 알아주지 않음 ─→ 불쾌한 감정을 느낌 ─→ 짜증을 냄

만화 속 아이는 이런 과정을 거쳐 결국 짜증을 냈습니다. 이 중에서 **자폐 스펙트럼 특성이 영향을 미친 부분은 '집착'뿐입니다.** 집착하는 성향은 특성이기

'엄마 자리'와 '아빠 자리'를 정해놓는 식으로 위치에 집착하는 아이

때문에 없앨 수 없습니다. 하지만 그 후에 일어나는 일은 충분히 막을 수 있습니다.

**왜 별것도 아닌 일에 화를 내느냐고 타이르기 전에 해당 부분에 집착하는 아이의 성향을 이해해 주세요.** 그리고 어느 정도는 아이가 원하는 방향으로 맞춰 주는 것이 좋습니다. 아이의 성향을 적당히 맞춰 주면 불쾌해질 일이 없으니 당연히 짜증을 낼 일도 없을 겁니다.

## 집착 성향을 이해해 주면 짜증 내는 일이 줄어듭니다

자폐 스펙트럼 특성을 가진 아이를 키울 때는 앞에서 설명한 것처럼 예방적 배려가 중요합니다. 아이가 자주 짜증을 내면 까탈스러운 성격이라 키우기 힘들다는 생각부터 들기 마련이지만, 그 전에 먼저 **아이가 왜 불쾌함을 느꼈을지 생각해 보세요.** 원인을 알면 충분히 대처할 수 있습니다.

물론 아이의 집착 성향에 무조건 맞춰 줄 수는 없습니다. 하지만 주변 어른들이 아이가 어떤 부분에 집착하는지를 알고 있으면 아이가 불쾌함을 느낄 상황이 벌어지지 않도록 어느 정도 피할 수 있을 겁니다. 불쾌하지 않으면 아이가 짜증을 내는 일도 자연히 줄어듭니다. 어른이 먼저 아이의 집착 성향을 이해하고 배려하면 집착 자체는 없앨 수는 없을지라도 정서적 변화는 막을 수 있습니다. 우리 아이가 까탈스러운 아이가 되지 않도록 도와주세요.

# 편식하는 버릇이 고쳐지지 않아요

우리 아이는
편식이 심해요

서연
(5세)

우엑!
맛없어

못 먹는 음식이
한둘이
아니랍니다

고기

생선

녹황색 채소

식감이 걸쭉한 음식

수프나 죽 같은…

이유식 때부터
그랬어요

호박이 들어간
이유식 거부

NO

그래도
자라면서

고기

간 고기는 OK

생선

흰 살
생선가스는 OK

녹황색 채소

신선한 재료를
그대로 튀기면 OK

먹을 수
있는
음식이
늘기는
했어요

이건
괜찮아

하지만
여전히
못 먹는
음식도
있답니다

카레
조금만
먹어 보지
않을래?

으웩~

진흙
같아서
기분 나빠!

도대체
왜
그럴까?

식단 짜기가
너무
힘들어…

## 편식에는 고칠 수 있는 부분과
## 고칠 수 없는 부분이 있습니다

편식은 크게 두 종류로 나눌 수 있습니다.

### ① 집착 성향으로 인한 편식

밥을 먹을 때 일정한 패턴을 정해 두고 고집스럽게 집착하는 아이가 있습니다. 이런 경우는 **일시적인 흥미로 인해 생긴 현상**이기 때문에 시간이 지나면 어느 날 갑자기 입에 대지도 않던 음식을 먹기도 하고, 반대로 전에는 좋아하던 음식을 갑자기 거부하기도 합니다. 집착 성향으로 인한 편식은 자폐 스펙트럼 특성을 가진 아이에게 흔히 나타나는 증상입니다.

### ② 감각 이상으로 인한 편식

아이가 특정 음식의 맛이나 식감에서 감각적으로 고통을 느끼면 해당 음

감각 이상으로 먹지 못하는 음식은 평생 먹을 수 없다

식을 거부할 수도 있습니다. 이 또한 자폐 스펙트럼 특성을 가진 아이에게서 자주 볼 수 있는 증상입니다.

다만 **감각 이상은 선천적인 문제입니다.** 특정 감각에 민감할 수도 있고 반대로 둔감할 수도 있습니다. 감각 이상 때문에 먹지 못하는 음식이 있다면 기본적으로 해당 음식은 평생 먹을 수 없습니다. 만화 속에 등장하는 아이도 어릴 적부터 '식감이 걸쭉한 음식'을 싫어했다는 걸 보면 감각에 이상이 있을 수도 있겠네요.

## 고칠 필요 없습니다!
## 먹을 수 있는 음식으로 영양을 채워 주세요

①과 ②의 경우 모두 특별히 고쳐야 할 필요는 없습니다.

**집착 성향으로 인한 편식은 부모가 특별히 대응하지 않아도 어느 순간 갑자기 사라집니다.** 집착 대상은 계속 변하기 때문입니다. 어떻게든 고쳐주고 싶은 마음에 조금이라도 먹어 보라고 강요하면 아이는 더 강하게 거부하게 되고, 오히려 집착이 더 심해질 수도 있습니다.

또한 앞에서 설명했듯이 **감각 이상은 선천적인 특징인 만큼 시간이 지나도 바**

**뀌지 않습니다.** 우리는 누구나 감각적인 특징이 있습니다. 큰 소리를 싫어한다거나 거칠거칠한 감촉을 싫어한다는 특징은 바꾸고 싶다고 바꿀 수 있는 부분이 아닙니다. 억지로 교정하려고 해도 잘되지 않을 겁니다. **감각 이상이 있는 아이에게 싫어하는 음식을 먹이는 일은 아이를 고문하는 행위에 가깝습니다.** 그러니 억지로 고치려 하지 마세요. 먹을 수 있는 음식으로 영양분을 보충해서 건강하게 자라도록 해 주면 됩니다.

그렇다면 편식하는 아이에게는 다른 음식을 일절 권하지 말아야 할까요? 그렇지는 않습니다. 집착 성향으로 편식하는 아이는 우연한 일을 계기로 평소에 먹지 않던 음식을 먹기도 합니다. 예를 들면, 항상 바나나만 먹던 아이가 바나나 옆에 있는 딸기를 보고 갑자기 관심을 보이기도 하는 식입니다.

**아이의 집착 성향에 지나치게 맞춰 줄 필요는 없습니다.** 물론 기본적으로는 아이가 먹을 수 있는 음식을 준비해야 하지만, 이때 **다른 음식을 같이 주는 것도 좋은 방법입니다. 아이가 관심을 보이면 건네 보고, 먹지 않으면 도로 거두면 됩니다.** 때로는 가족들이 맛있게 먹는 모습을 보다가 먹고 싶어 하기도 합니다. 다양한 가능성을 열어 두고 이런저런 방법을 시도해 보시면 어떨까요?

# 한겨울에도 반소매, 반바지만 입으려고 해요

# 감각이 예민하거나 둔감할 수도 있고 집착 때문일 수도 있습니다

한겨울에도 반소매에 반바지를 입고 싶어 하는 아이들이 있습니다. 분명 추울 텐데 왜 그러는지 부모님 눈에는 이상하게 보일 겁니다.

이유는 다양합니다. 체온이 높아서 얇은 옷을 좋아하는 아이도 있고, 감각 이상 때문에 반소매나 반바지를 입고 싶어 할 수도 있습니다. 또는 집착 성향이 강해서 같은 옷만 입으려고 하는 아이도 있습니다.

이 중 감각 이상은 주로 두 가지 유형으로 나눌 수 있습니다.

### ① 피부 감각이 예민해서 긴소매나 긴바지를 싫어하는 아이

예를 들면, 옷이 피부에 닿는 까슬까슬한 촉감을 통증으로 느껴서 긴소매 옷을 싫어하는 아이가 있습니다. 이런 아이는 소재에 따라서 긴소매 옷을 입기도 합니다.

## ② 더위나 추위에 대한 감각이 둔한 아이

아이가 기온 변화에 둔감해서 옷을 바꿔 입어도 피부로 느끼는 감각에 크게 차이가 없을 수도 있습니다. 이런 아이는 얇은 옷을 좋아한다기보다는 기온이 떨어져도 긴소매 옷을 입어야 할 필요를 느끼지 못하는 겁니다.

감각 이상이나 집착하는 성향이 있어서 아이가 한겨울에도 반소매나 반바지를 고집할 때 **건강을 유지할 수 있고, 사회적으로 봤을 때 크게 부자연스럽지 않다면 특별히 문제 삼을 필요는 없다**고 생각합니다. 주변 사람들은 추위 보인다고 걱정하겠지만, 아이만 건강하게 잘 지낸다면 굳이 바꿀 필요가 있을까요?

다만 만화에서처럼 감기에 걸릴 수는 있습니다. 만약 아이가 옷 때문에 겨울에 여러 번 감기에 걸린다면 이때는 적절한 대응이 필요합니다. 우선은 **아이가 왜 반소매와 반바지를 고집하는지 이유를 파악하고 그에 맞는 대응책을 생각해 보세요.**

**①번처럼 감각이 예민한 아이**는 본인이 싫어하는 옷을 주면서 무조건 입으라고 강요하면 스트레스를 받을 가능성이 있습니다. 이때는 **어떤 소재의 긴소매와 긴바지 옷이라면 입을 수 있는지를 확인해야 합니다.** 감각 이상은 다른 사람이 이해하기 어려운 부분도 있으니 되도록 의사와 상의해서 대응하시길 바랍니다.

한편 **②번처럼 감각이 둔한 아이는 피부 감각이 아니라 외부에서 얻는 정보로 판단할 수 있도록 도와주면 스스로 긴소매, 긴바지 옷을 입기도 합니다.**

추위와 더위를 느끼는 감각은 기본적으로 본인의 주관에 따릅니다. 아이가 주관적으로 판단하지 못한다면 날씨 예보와 같은 객관적인 정보로 판단할 수 있도록 도와주세요. 예를 들면, '그날의 최고기온에 맞춰서 입을 옷을 정한다'라는 기준을 정해 두는 겁니다. '20도 이상인 날은 반소매와 반바지를 입는다'라는 식으로 아이에게 맞춰 세부적인 기준을 설정하면 됩니다.

부모님이 아이와 함께 상의해서 기준을 정하고 적어 두는 것도 좋은 방법입니다. 그러면 아이가 날씨 예보를 보고 그날 어떤 옷을 입을지 직접 정하기도 합니다.

'낮 최고기온이 20도 미만인 날은 긴소매 옷을 입거나 겉옷을 걸친다'라는 규칙을 정해둔다

# COLUMN 5

## 예민하거나 둔한 감각을
## 극복할 수 있을까?

CASE 11에서는 '감각 이상'으로 인한 편식에 관해서, CASE 12에서는 '예민한 피부 감각'이나 '추위와 더위에 둔한 감각'에 관해서 설명했습니다. 감각 이상에는 그 밖에도 다양한 종류가 있습니다.

사람들은 특정 감촉이나 소리, 냄새를 싫어하는 아이를 보고 별생각 없이 조금씩 익숙해지면 된다고 말하기도 합니다. 하지만 앞서 편식에 관한 부분에서 설명했듯이 감각 이상은 선천적인 특징이라 시간이 지난다고 해서 변하지 않습니다. '음식 썩은 냄새'에 익숙해지는 사람이 거의 없듯이 **감각적인 고통은 기본적으로 익숙해지기 어렵습니다.**

가끔 "우리 아이는 열심히 노력해서 싫어하는 소리를 극복했어요"라든가 "지금은 싫어하지 않고 적극적으로 활동에 참여해요"라는 이야기를 들을 때가 있는데, 그러다 몇 년이 지난 후에야 당시에는 참았을 뿐이지 고통이 사라진 것은 아니었다는 사실을 깨닫기도 합니다. **겉으로는 좋아진 것처럼 보여도 본인이 느끼는 고통은 그대로인 경우가 대부분입니다.**

계속 참다가 결국 한계에 부딪혀 극심한 스트레스로 다른 활동까지 하지 못하게 되기

○ **특정 감각에 극단적으로**
**예민하거나 둔감하다**

눈부셔!

시끄러워서
귀가
아파!

교복이
까슬거려

아프지 않아

춥지 않아

도 합니다. 힘들어도 참아가며 동아리 활동에 참여하거나 가기 싫은 학원에 억지로 다니다가 어느 날 결국 한계에 다다라 아예 가지 못하게 되는 아이도 있습니다.

물론 본인이 동아리 활동을 계속하고 싶어서 자기 의지로 감각적 고통을 참을 때도 있습니다. 이때는 바로 그만두게 할 필요는 없지만, 스스로 원한다고 해도 힘든 건 마찬가지라는 사실을 잊지 마세요. **아이는 스트레스를 받을 수밖에 없습니다. 따라서 지나치게 참고 있지는 않는지 주변에서 지켜봐 줘야 합니다.**

## CASE-13

## 교실 이동 중에 복도를 뛰어다녀요

## 아이의 행동을
## 한발 앞서 예상해야 합니다

수업을 위해 교실에서 다른 곳으로 이동할 때 복도를 마구 뛰어가는 아이가 있습니다. 말려도 소용이 없고 붙잡으려고 쫓아가면 오히려 더 재미있어 하면서 도망칩니다.

만화의 사례와 비슷한 일로 고민하는 부모님이나 학교 선생님이 종종 상담하러 오시기도 합니다. 가끔은 아이가 흥분해서 날뛰는 통에 수업이 엉망이 되는 일이 많으니 약을 처방해 달라는 요청을 받을 때도 있습니다.

하지만 만화 장면에서도 나왔듯이 그런 아이도 얌전히 걸어서 이동할 때가 있습니다. 그래서 저는 아이가 날뛰는 통에 곤란하다는 상담을 받으면, 일단 **어떤 상황에서 아이가 흥분하는지를 생각해 보고 대응 방법을 검토**하도록 조언합니다.

아이가 갑자기 뛰어갈 때와 얌전히 걸을 때, 무엇이 달랐을까?

## 나란히 걸으면서 물리적 공간을 확보해 보세요

만화를 다시 보면 아이가 앞에서 걷고 선생님이 뒤에서 따라가는 상황에서 아이가 갑자기 달리기 시작합니다. 하지만 선생님이 옆에서 나란히 걸을 때는 뛰어가지 않네요.

그렇다면 CASE 2(32페이지)와 마찬가지로 **'물리적 공간(spacing)'을 잘 활용하면** 아이가 갑자기 뛰어가는 문제를 예방할 수 있지 않을까요? 선생님이 아이 앞에서 걷거나 손을 잡고 걷는 방법이 도움이 될 수도 있습니다. 바로 약을 먹이는 방법부터 떠올리지 말고 우선 다양한 방법을 시도해 보세요.

## 아이의 행동을 한발 앞서 예상해 보세요

이번 사례에서 강조하고 싶은 부분은 '선생님이 아이의 옆에서 걸으면 된다'라는 방법론이 아닙니다. 이 방법으로도 문제가 해결되지 않을 때가 있습니다. **핵심은 문제를 해결하는 방법이 아니라 한발 앞서 아이의 행동을 예상하는 자세입니다.**

'이 위치에서 걸으면 아이가 어떻게 행동할까?'를 미리 생각해 보세요.

교실을 나서자마자 아이가 뛰기 시작할 것 같다면 아이의 행동을 예방할 방법부터 생각해야 합니다. 아이가 뛰지 않도록 자신이 앞에서 걸어야 할지, 아니면 처음부터 걸어서 가야 한다고 규칙을 정해 줘야 할지, 적합한 방법은 아이에 따라서 다를 겁니다.

'왜?'라고 생각해 보는 자세가 중요하다

복도를 뛰어다니는 일뿐만이 아니라 다른 행동도 마찬가지입니다. 친구의 말에 딴지를 걸거나 수업 자료를 던지고, 수업 중에 소리를 지르는 문제로 상담을 받으러 오는 아이들이 있습니다.

하지만 이때 어른이 먼저 **'지금의 자리 배치로 수업하면 5분 후에는 결국 이 아이가 친구의 말에 딴지를 걸고 다툼이 벌어질 것이다'**라고 예상할 수 있으면 문제도 예방할 수 있습니다. 아이들이 다투기 시작한 다음에 그만하라고 주의를 주기보다는 애초에 **다툼이 벌어지지 않도록 환경을 설정하는 편이 좋지 않을까요?**

아이들의 행동을 유심히 관찰해서 한 발 앞을 예상해 보는 습관을 들이면 적절한 대응법이 보일 겁니다. 물론 아이의 행동을 예상하는 일이 그렇게 쉽지만은 않습니다. **자폐 스펙트럼 특성을 가진 아이는 특이한 행동을 하는 일이 잦아서 아무리 부모라도 행동 패턴을 이해하기 어려울 때가 많습니다.** 그럴 때는 혼자서 고민하지 말고 의사나 유치원, 학교 선생님과 함께 상의해서 대응 방법을 찾아보시길 바랍니다.

## 칭찬해 주신 선생님 팔을 물어 버렸어요

# 칭찬받아서 기쁠 때도 있지만
# 부끄러울 때도 있습니다

이번 사례는 앞쪽은 학교 선생님의 시점으로, 뒤쪽은 아이의 시점으로 그렸습니다.

아이가 한자 공부를 열심히 하는 모습을 보고 선생님은 기특한 마음에 칭찬해 주셨습니다. 선생님은 지금이 칭찬해 줘야 할 타이밍이라고 생각해서 "열심히 하고 있구나", "굉장한걸", "예쁘게 잘 썼네"라는 찬사를 쏟아내셨지만, 어째서인지 아이는 선생님의 팔을 물어 버렸습니다.

이 상황에서 아이가 어떤 생각

칭찬받았다고 해서 반드시 기쁜 것은 아니다

을 하고 있었는지는 다음 페이지 만
화에 나와 있습니다. 만화를 보니 원
래 이 아이는 한자 쓰기를 별로 좋아
하지도 않았고, 스스로 잘 쓴다고 생
각하지도 않았네요. 아이는 자기가 잘
하는 일이 분명히 따로 있는데 선생
님이 한자 쓰기를 칭찬하는 것이 이

칭찬을 받아도 전혀 기쁘지 않은 아이

상합니다. 그다지 열심히 하지도 않았고 싫지만 참고 쓰고 있었는데, 왜 큰
소리로 칭찬하시는지 이해할 수 없습니다. 그래서 창피하고 어떻게 반응해
야 할지 몰라 당황스러웠던 모양입니다.

## 칭찬하고 싶은 부분과 칭찬받고 싶은 부분은 다릅니다

만화에서처럼 어른의 생각과 아이의 생각이 서로 엇갈리는 일은 자주 있
습니다. 비슷한 일을 경험한 아이의 이야기를 들어 보니 아이는 당시 이런
생각이 들었다고 하네요.

"저는 다른 일들도 열심히 했는데 그때는 칭찬해 주지 않으셨어요."

"어른들이 하라는 대로 했을 때만 칭찬받을 수 있어요."

"별로 잘하지 않았는데 칭찬받아서 싫었어요."

**아이가 칭찬받고 싶어 하는 부분과 어른이 칭찬해 주고 싶은 부분이 일치하지 않**
**았던 겁니다.**

담백한 칭찬을 좋아하는 아이도 있다

　이 부분은 꼭 자폐 스펙트럼 특성을 가진 아이에게만이 아니라, 다른 아이들이나 우리 어른들에게도 해당하는 이야기입니다.

　예를 들어, 일을 할 때 스스로 부족하다고 생각한 부분에 관해서 상사에게 칭찬을 들으면 문득 그 사람의 속내가 느껴지기도 합니다. 이런 경우 기쁘다기보다는 상사가 자신에게 어떤 기대를 걸고 있는지 느껴져서 부담스러울 때가 있습니다. 이때 칭찬을 받아서 진심으로 기뻤는지를 묻는다면 누구나 대답하기 곤란할 겁니다. 심지어 '이 사람은 다른 사람이 자기 생각대로 움직였을 때만 칭찬하는구나'라는 인식이 생겨서 상대에게 반감이 생기기도 합니다.

## 아이가 칭찬받고 싶어 하는지부터 확인하세요

반면 **스스로 '이번에는 정말 잘했다'라고 인정할 수 있을 때 칭찬받으면 상대를 '자신의 노력을 제대로 알아주는 사람'이라고 생각**하게 됩니다. 이때는 조금 과장된 칭찬을 받아도 부끄럽지 않고, **"잘했네"**라는 가벼운 칭찬 한마디만으로도 기쁘기 마련입니다.

아이를 칭찬할 때도 이 정도의 느낌으로 칭찬을 건네는 것이 좋습니다. **아이가 스스로 특기라고 생각하는 부분이나 진심으로 잘했다고 생각한 일에 초점을 맞춰서 칭찬해 주세요.** 이때 아이가 기뻐하는 기색을 보이면 그때는 더 과감하게 칭찬해 줘도 괜찮습니다. 반대로 부끄러워하는 기색이 보이면 "잘했구나" 정도의 짧은 말 한마디로 끝내는 편이 좋습니다. 다시 한번 강조하지만 칭찬할 때도 '아이를 유심히 지켜보는 일'이 중요합니다.

## 주의를 주면 뜬금없는 대답을 해요

## 암묵적 합의를 이해 못해서 인간과 사물을 같이 놓고 보기 때문입니다

자폐 스펙트럼 특성이 있는 아이는 비유적인 표현을 알아듣지 못할 때가 많습니다. 말의 의미를 글자 그대로 받아들이기 때문에 말에 숨어 있는 속뜻이나 암묵적인 합의, 이야기의 문맥을 이해하지 못하는 경향이 있습니다.

이번 만화에서 엄마는 **"빨래는 누구보고 하라는 거니?"**라고 물었지만, 사실 진짜 하고 싶었던 말은 **"빨래하는 사람은 네가 아니라 엄마잖아. 옷을 더럽히면 엄마가 힘들어. 태연한 표정으로 웃지만 말고 미안해 하기라도 좀 해"**였을 겁니다. 엄마는 그런 속마음을 담아서 "빨래는 누구보고 하라는 거니?"라고 물었습니다.

하지만 아이는 엄마가 한 말의 속뜻을 전혀 이해하지 못했습니다. 미안하다는 태도를 보이기는 커녕 빨래는 '세탁기'가 한다고 냉정하게 사실만을 말하네요.

## 에둘러 주의를 주기보다는 처세술이나 쏟지 않는 요령을 가르쳐 주세요

아이의 말과 태도만 보면 마치 말꼬리를 잡고 심술을 부리는 것처럼 보일 수도 있습니다. 하지만 아마도 아이는 지금 **자신이 혼나고 있다는 사실조차 인지하지 못했을 겁니다.**

이와 같은 양상은 자폐 스펙트럼 특성을 가진 아이와의 대화에서 자주 보입니다. 아동 심리 전문가라면 충분히 이해하지만, 부모님들은 종종 충격을 받거나 일부러 억지를 부린다고 생각하실 수 있습니다(물론 그중에는 아이의 말에 "맞다!"라고 동의하는 사람도 있습니다).

엄마 말의 의도를 파악하지 못하고 사실만 말하는 아이

만화에 등장하는 엄마는 아이의 말을 부정하거나 꾸짖지 않고 있는 그대로 받아들였습니다. 아이가 일부러 장난을 친 것이 아니기 때문에 만화에서처럼 덤덤하게 받아넘기는 대응은 바람직하다고 생각합니다.

다만 처음부터 **에둘러 주의를 주**

지 말고 이런 상황에서는 형식적으로라도 사과해야 한다는 처세술을 구체적으로 가르쳐 줬어도 좋았을 겁니다. 여기에 더해 일상생활에서 컵을 엎지르지 않는 요령까지 가르쳐 주면 완벽했겠네요.


## 꾸짖는 어른과 사실을 말하는 아이

자폐 스펙트럼 특성이 있는 아이는 모든 인간과 사물을 같은 선상에 놓고 보는 경향이 있습니다. 일반적으로 빨래를 하는 사람이 '누구'인지를 물으면 우리는 대부분 인간의 범위 안에서 답을 찾으려고 합니다. 하지만 어떤 의미에서 보면 시야가 넓은 만화 속 아이는 사물도 선택지 안에 집어넣었고, 그 안에서 답을 찾았습니다. 엄마는 동작 버튼을 누를 뿐이고 실제로 옷을 빠는 일은 세탁기가 한다는 더 정확한 답을 내놓았습니다.

우리는 SF 영화에 등장하는 로봇이 인간의 마음에 공감하는 듯한 말을 하면 감동하기도 합니다. 로봇이 기계만이 아니라 인간에게도 관심을 보이면 '로봇과 인간의 마음이 통했다'라고 말하기도 합니다. 그런데 이번 만화에서처럼 아이가 인간과 기계를 같은 선상에 놓으려고 하면 아이를 꾸짖습니다. 다시 생각해 보면 참으로 이상한 이야기네요. 꾸짖는 어른과 사실을 말하는 아이, 생각의 폭이 좁은 사람은 둘 중 누구일까요?

# COLUMN 6

## 자폐 스펙트럼 아이의
## 애착

앞 사례에서 엄마는 아이에게 "빨래는 누구보고 하라는 거니?"라고 물었다가 '세탁기'라는 답을 들었습니다. 비슷한 사례로 자전거를 타다가 넘어진 친구를 보았을 때 친구가 아니라 자전거를 보고 괜찮냐고 물었다는 아이도 있습니다. 우리는 대부분 그런 상황에서 사람을 먼저 걱정합니다. 하지만 세상에는 사람과 사물을 같은 선상에 놓고 '친구는 괜찮아 보이는데 자전거는 부서진 것 같다'라고 생각하는 사람도 있습니다.

자폐 스펙트럼 특성을 가진 아이가 사람에게 관심이 없기 때문이 아닙니다. 그저 **사람과 사물을 차별하지 않고, 평등한 존재로 생각**할 뿐입니다. 이런 특성을 이해하면 아이의 심리를 추측해 볼 수 있습니다.

**'사람과 사물을 평등한 존재로 생각'**하는 특성은 아이와 부모가 '애착(attachment)'을 형성할 때도 나타납니다.

일반적으로 '애착 형성'이라고 하면 아이가 자신을 지켜 주는 부모와 함께 있을 때 안전하다고 느껴서 안심하게 되고, 그 과정에서 부모 자식 사이에 애착이 생기는 흐름을 의미합니다.

## ASD 아이가 애착을 느끼는 과정

상대가 자신을 대하는 방식의 일관성과 지속성, 법칙성을 기준으로 판단했을 때 상대가 안전하고 안심할 수 있는 사람이라고 느끼면 애착이 형성된다.

## 평균적인 아이가 애착을 느끼는 과정

부모는 항상 자신을 지켜 주는 존재이며 함께 있으면 안전하고 안심할 수 있다고 느끼면서 애착이 형성된다.

자폐 스펙트럼 특성이 있는 아이에게는 타인과의 관계가 반드시 중요한 의미를 갖지는 않는다. 자신이 안전하고 안심할 수 있는지는 상대와의 관계보다는 상대가 자신을 대하는 방식의 일관성과 지속성, 법칙성을 바탕으로 판단한다.

하지만 **자폐 스펙트럼 특성이 있는 아이에게는 관계가 반드시 중요한 의미를 갖지는 않습니다. 상대와의 관계 자체보다는 오히려 상대가 자신을 대하는 방식의 일관성과 지속성, 법칙성을 바탕으로 자신이 안전하고 안심할 수 있는 사람인지를 판단**합니다.

자폐 스펙트럼 특성이 있는 아이는 부모 자식 관계에 정서적으로 특별한 의미를 부여하지 않는 경향이 있습니다. '엄마'라서 특별하다는 식으로 애착을 느끼기보다는 **'이 사람은 항상 자신을 똑같이 대해 준다'라고 느낄 때 상대를 신뢰하고 애착을 형성합니다.**

따라서 자폐 스펙트럼 특성이 있는 아이는 항상 정해진 패턴대로 생활해야 마음을 놓고 편안하게 지낼 수 있습니다. 유아기에 정해진 패턴대로 생활하면서 정서적으로 안정된 상태로 자라면, 성인이 되어서는 가끔 돌발 상황이 발생해도 정신 상태에 큰 영향을 미치지 않습니다. 기본적인 부분이 안정되어 있기 때문에 정서적으로도 흔들리지 않는 겁니다.

물론 지금까지 부모님이 지켜온 생활 스타일도 있겠지만, 아이가 바라는 일관성이나 지속성을 고려해서 가족 모두가 평온하게 지낼 수 있는 생활 습관을 만들어 보시길 바랍니다.

## 거센 '바람'이 아니라
## 따뜻한 '햇살'로 지켜봐 주세요

저는 자폐 스펙트럼 특성이 있는 아이를 대할 때는 『이솝 우화』 속 '해님과 바람'에서 '해님'의 방법이 더 효과적이라고 생각합니다.

자폐 스펙트럼 특성을 가신 아이도 늘 똑같은 방식으로만 생활하다 보면 어느 순간 스스로 똑같은 패턴에 싫증을 느끼고 새로운 방식을 시도할 때가 있습니다. 인간은 안전하고 안심할 수 있는 생활이 보장되면 금세 적응하기도 하지만 또 금방 싫증을 내기도 합니다. 실제로 **집착 성향이 강한 아이도 안심할 수 있는 환경에서 자라면 자발적으로 행동 패턴을 넓혀 갑니다.**

바람이 억지로 나그네의 옷을 벗기려 했던 것처럼 아이에게 특정 행동을 강요하면 오히려 집착하는 성향이 더 강해져서 계속 거부합니다. 해님처럼 따뜻하게 지켜봐 주면서 아이가 스스로 행동하기를 기다려야 합니다.

자폐 스펙트럼 특성이 있는 아이에게는 새로운 경험을 시키지 말라는 말이 아닙니다. 아이가 안심하고 새로운 일에 열중할 수 있도록 해 줘야 한다는 뜻입니다. 이때 자폐 스펙트럼 특성을 가진 아이는 자신과 어떤 관계에 있는 사람과 함께하는지보다는 일관성 있는 생활환경 속에서 편안함을 느낍니다.

다른 사람에게 관심을 보이지 않고 혼자서 노는 아이를 보면 주변에서는 '애정을 더 쏟아 줘야 한다'라거나 '아이와 함께하는 시간이 부족해서'라고 말하기도 합니다. 하지만 꼭 옆에 붙어서 말을 걸어 줘야만 사랑은 아닙니다. 어떤 아이에게는 혼자 좋아하는

바람이 억지로 나그네의 옷을 벗기려 했던 것처럼 아이에게 특정 행동을 강요하면 오히려 집
착하는 성향이 더 강해져서 계속 거부한다. 해님처럼 따뜻하게 지켜봐 주면서 아이가 스스로
행동하기를 기다려야 한다.

놀이를 하며 편하게 생활할 수 있도록 지켜봐 주는 일이 최적의 애정 표현일 수도 있습니다. 한 아이가 엄마에게 이런 말을 했다고 합니다.

**"엄마, 아무 말 없이 지켜봐 주는 것도 사랑이야."**

부모와 자식이 굳건한 신뢰 관계를 쌓으면 서로 마음 놓고 편안하게 생활할 수 있지 않을까요?

# 글을 읽을 때 사소한 부분에 지나치게 신경 써요

# '속뜻'를 파악하지 못하면
# 풀 수 없는 문제도 있습니다

앞서 CASE 15에서는 자폐 스펙트럼 특성을 가진 아이가 말속에 숨은 뜻을 이해하지 못해서 벌어지는 오해에 관해 설명했습니다. 그런데 이 특성은 때때로 학습 과정에 영향을 미치기도 합니다. 이번 만화에 등장한 사례가 여기에 해당하겠네요.

만화에 등장한 초등학교 1학년 아이는 서술형 수학 문제에서 '사과 2개와 귤 3개를 합치면'이라는 문구를 보고 선생님께 사과와 귤은 합칠 수 없다고 말했습니다. 하지만 이 아이는 이미 구구단도 외

사과와 귤은 다르다는 사실에 집착하는 아이

울 정도이니 2+3을 계산하지 못할 리가 없습니다. 수학적인 사고 능력은 부족하지 않지만, 서술형 문제의 '속뜻'을 이해하지 못해서 정답을 찾지 못하는 겁니다.

만화 속 선생님은 아이가 장난으로 하는 말이 아니라는 사실은 파악했지만 어떻게 대응해야 할지 몰라 당황하시네요. 이해합니다. 아이가 수학 문제를 두고 이런 이의를 제기하면 누구나 당황스러울 겁니다. 사소한 부분은 신경 쓰지 말라거나 단순히 2개와 3개를 더한다고 생각하라고 말하고 넘기고 싶어집니다. 그 정도는 좀 알아서 이해해 주기를 바라는 사람도 있을 겁니다.

하지만 **자폐 스펙트럼 특성이 있어서 암묵적인 합의를 잘 이해하지 못하는 아이는 '사과와 귤은 다르기 때문에 합칠 수 없다'라고 생각할 수 있습니다.** 해당 문제에서 과일의 종류는 고려하지 않아도 된다는 전제를 이해하지 못하고, 설명해 줘도 쉽게 받아들이지 못해서 아무리 생각해도 이상하다고 말하기도 합니다.

## 아이의 사고방식을 이해한 다음 적합한 학습 방법을 찾아주세요

이번 사례에서도 CASE 15와 마찬가지로 어른이 먼저 아이의 고방식을 이해해야 합니다. 이런 상황에서 선생님이 "말도 안 되는 소리하지 말고 문제나 풀어라"라고 핀잔을 주면, 아이는 이해할 수 없어서 스트레스만 받습니

사과와 귤의 차이에 집중하지 않도록 과일
2개와 과일 3개라고 생각하도록 유도한다

다. 그렇다고 문제 출제 방법을 두고 깊게 파고들면 아이가 수학을 배울 기회를 놓칠 수도 있습니다. 어떻게 하면 아이가 더 쉽게 학습할 수 있을까요?

예를 들어, '**서술형 문제에서는 사과와 귤의 차이를 고려하지 않는다**'라는 전제를 설명했을 때 아이가 이해한다면, **서술형 수학 문제를 읽는 방법을 구체적으로 가르쳐서 문제를 해결**할 수 있습니다. 반면 아이가 전제를 **설명해도 이해하지 못한다면 문제 출제 방식을 바꿔서 계산에 집중할 수 있도록** 배려해 줘야 합니다.

서술형 문제를 처음 접했을 때는 사소한 부분에 신경을 쓰던 아이도 계속 문제를 풀다 보면 차츰 서술형 수학 문제의 법칙을 이해하고 어느 정도 자연스럽게 대응하게 되기도 합니다.

따라서 일단은 어른이 먼저 아이의 학습 방식을 이해하고 **어떤 형식이어야 수학을 학습할 수 있을지를 생각해서 문제 출제 방식이나 문제 풀이를 도와줄 방법을 검토**해야 합니다. 소규모 그룹으로 나누어서 수업하는 방법도 있습니다. 이런저런 방법을 활용해서 아이에게 맞는 방식을 찾아주세요.

# 아이가 말의 숨은 속뜻을
# 알아차리지 못한다면…

자전거를 타고 가던 친구가 넘어졌는데 친구가 아니라 자전거를 보고 괜찮냐고 묻는 아이가 있습니다. 또 어떤 아이는 공원 모래사장에서 혼자 놀고 있을 때 친구가 다가와 "혼자야?"라고 물으면 "우리 가족은 넷이야"라고 대답하기도 합니다.

두 경우 모두 아이의 관점에서 생각하면 나름 앞뒤가 맞는 대답입니다. 넘어진 자전거가 고장 난 건 아닌지 걱정할 수도 있고, 가족이 넷이라는 대답은 따지고 보면 꼭 틀린 대답은 아닙니다.

하지만 사람들은 이런 대답을 들으면 대부분 어딘가 이상한 아이라고 생각합니다. 왜 그럴까요?

사실 "혼자야?"라는 질문에는 **"혼자면 같이 놀지 않을래?"라는 메시지**가 담겨 있고, CASE 15에서 등장했던 "빨래는 누구보고 하라는 거니?"라는 질문에는 **"미안하다고 해"라는 메시지**가 담겨 있습니다. 또한 누군가에게 괜찮냐고 묻는 이유는 **자신이 걱정하고 있다는 메시지**를 전달하기 위해서입니다.

하지만 '일반적으로 누구나 다 아는 사실'을 모르는 것이 자폐 스펙트럼을 가진 아이들의 특징입니다. 그러니 혹시 아이가 말에 숨어 있는 속뜻을 알아차리지 못한다면 그때는 돌려 말하지 말고 확실하고 구체적으로 가르쳐 주세요.

# 물어보면 다 모른다고만 대답해요

# 모른다고 대답하는 이유는 다양합니다

아이가 질문을 받았을 때 바로 모른다고 대답하는 이유는 다양하게 생각해 볼 수 있습니다.

## ① 관심이 없어서

우선은 해당 이야기에 관심이 없기 때문일 수 있습니다. 관심이 없으니 특별히 하고 싶은 말도 없고, 그래서 대화를 빨리 끝내기 위해 모른다고 대답하는 겁니다. **모른다고 대답하면 더 이상 이야기가 이어지지 않는다**는 사실을 경험적으로 알고 있기 때문입니다. **자폐 스펙트럼 특성을 가진 아이 대부분은 관심이 없는 주제에 관해 상대와 대화를 나누는 일을 좋아하지 않습니다.** 이런 특성 때문에 그냥 모른다고 대답해 버리기도 합니다.

다만 이런 경우 관심이 없는 일에는 대답하지 않지만, 반대로 자기가 말

관심이 없어서 대답하지 않을 수도 있다

하고 싶은 주제에 관해서 물으면 봇물이 터지듯 말을 쏟아내기도 합니다.

## ② 무슨 말을 해야 할지 정말 몰라서

물론 정말 모를 때도 모른다고 대답합니다. 정확히 모를 때도 있을 테고, 선생님 말씀을 제대로 듣지 못해서 기억이 나지 않을 때도 있을 겁니다. 하지만 이런 경우에는 대답할 수 있는 부분은 대답합니다. 또한 내일 선생님께 여쭤 보고 오라고 말해 두면 다음 날에는 이야기를 들을 수 있기도 합니다.

뭘 물어도 무조건 모른다고 대답해서 상대를 답답하게 만드는 아이

### ③ 혼나기 싫어서

잘못 대답하면 혼날 거라는 생각에 모른다고 대답하는 아이도 있습니다. 과거에 혼난 경험이 많은 아이는, 사실은 알고 있지만 혹시 잘못 대답할 수도 있으니 그냥 모른다고 대답하기도 합니다. 이런 경우에는 아이가 안심하고 말할 수 있는 상황을 만들어 주면 자기 생각과 기분을 먼저 이야기할 겁니다.

②와 ③의 경우는 물어보는 방식을 바꾸거나 시간을 들여서 천천히 물어보면 대답을 들을 수도 있습니다. 하지만 ①번처럼 관심이 없어서 모른다고 대답하는 경우라면, 해당 주제에 관해서는 더 이상 대화를 나누기 어려울 겁니다.

## 종이에 선택지를 적고 고르도록 해 보세요

예를 들어, 부모님이 여름방학에 아이와 함께 여행 갈 장소를 고르면서 아이에게 가고 싶은 곳을 물었을 때 아이가 모른다고만 대답하면 정말 답답하실 겁니다. 이때는 질문 방식을 바꿔 보세요. '네, 아니요'로 짧게 대답할 수 있는 질문이라면 대답을 들을 수 있을지도 모릅니다.

또는 몇 가지 선택지를 종이에 적어 놓고 손가락으로 가리키게 하는 방법도 있습니다. 말로는 하기 힘든 질문도 글자나 사진을 보여 주면 조금 더 쉽게 전달할 수 있고, 아이도 더 편하게 대답할 수 있습니다.

그러다 아이가 어느 정도 자라면 '항상 모른다고만 대답하면 상대가 곤란해진다'라는 사실을 가르쳐 주세요. 자폐 스펙트럼 특성을 가진 아이는 대인 관계에 존재하는 미묘한 감정을 잘 파악하지 못합니다. 따라서 어른이 상황을 설명해 주고 아이가 이해하고 대응할 수 있도록 도와줘야 합니다.

선택지 중에서 고르게 하면 아이도 편하게 대답할 수 있다

## CASE-18

# 말투가 특이해서 또래와 어울리지 못해요

133

# 또래 친구들이 아니라 TV 아나운서의
# 말투를 따라 하고 있는지도 모릅니다

어떤 아이는 고작 초등학생이면서 마치 TV에 나오는 아나운서처럼 정돈된 말투로 자기가 알고 있는 지식을 막힘없이 술술 쏟아내기도 합니다. 그러다 보니 때로는 만화에서처럼 친구들 사이에서 '박사님'이라는 별명으로 통하거나 조금 특이한 친구로 취급받기도 합니다. 이 또한 자폐 스펙트럼 특성을 가진 아이에게 충분히 일어날 수 있는 일입니다.

**자폐 스펙트럼 특성을 가진 아이는 또래 아이들 사이에 형성된 '분위기'나 '느낌'을 잘 파악하지 못합니다.**

초등학교 저학년일 때는 게임이든, 공룡이든, 곤충이든 상관없이 자기 취미 이야기를 혼자 마음껏 떠들어도 보통은 큰 문제가 되지 않습니다. 하지만 중학생이나 고등학생이 되어서도 그럴 수는 없습니다. 그때는 당연히 흐

마치 어른이 설명하는 듯한 말투로 자기 관심 분야에
관해 전문적인 이야기를 늘어놓는다

름에 맞춰 상대와 대화를 이어 나가야 합니다. 아이들은 대부분 그 변화를
스스로 깨닫습니다. 그래서 만화에서처럼 '지금은 함께 게임 이야기를 해
야 할 때'라는 흐름을 파악해 그에 맞는 행동을 취합니다. 하지만 자폐 스
펙트럼 특성이 있는 아이는 다른 아이들처럼 '분위기'나 '느낌'의 변화에
빠르게 대응하지 못합니다.

그러다 보니 만화 속 아이는 결국 모두가 한창 신나게 게임 이야기를 하
는 상황에서 갑자기 최신 정보라며 뜬금없이 공룡에 관한 전문적인 지식
을 늘어놓습니다.

## TV나 동영상에서 본 말투를 따라 하는 겁니다

게다가 만화 속 아이는 또래 친구들끼리 스스럼없이 편하게 말하는 상황

해설하는 듯한 말투를 쓰는 이유는 TV나 동영상에 나오는 정돈된 표현을 배워서 따라 하기 때문이다

에서도 혼자 '~습니다'체를 사용하며 정중하게, 마치 어른이 해설을 해 주는 듯한 말투로 공룡에 관한 이야기를 합니다. 특이한 말투를 사용하는 것 또한 자폐 스펙트럼 특성을 가진 아이에게 종종 나타나는 특징입니다.

**자폐 스펙트럼 특성을 가진 아이는 책이나 TV에 나온 정확하고 구체적인 표현과 말투를 배워서 일상생활에서 그대로 쓰기도 합니다.** TV나 동영상에 나온 대사를 외웠다가 똑같이 재현하기도 하고, 재현하는 것 그 자체를 재미있어하는 아이도 있습니다. 그러다 아나운서 같은 말투가 입에 붙어 버리기도 합니다.

아이들은 초등학생이나 중학생이 되면 주위 친구들을 따라 하면서 조금씩 말투를 바꿔 갑니다. 주변에 있는 다른 아이들이 모두 "실화냐?"와 같은 표현을 쓰면 자기도 똑같이 "실화냐?"라고 말하는 식입니다. 하지만 자폐 스펙트럼 특성을 가진 아이는 그런 상황에서 자신도 말투를 바꿔야 한다는 생각 자체를 하지 못하거나, 바꾸는 일을 어려워합니다.

## 아이의 말투를 바꾸려 하지 말고 주변에 알려 주세요

하지만 '특이한 말투'는 만화에서처럼 친구들과 어울리지 못하게 하는 요인으로 작용하기도 합니다. 한편으로는 예의 바르고 정중하게 보이기도 해서 어른들은 오히려 칭찬하기도 하고, '똑 부러지는 아이'라고 생각하는 부모님이나 선생님도 계십니다. 물론 이왕이면 예의 바른 말씨를 사용하는 편이 당연히 좋습니다. 하지만 말투 때문에 친구를 사귀지 못한다면 그냥 넘어가서는 안 되겠지요.

다만 그렇다고 해서 아이를 붙잡고 친구들처럼 편하게 말하라고 가르쳐 준들 자폐 스펙트럼 특성을 가진 아이들은 편하게 말하는 '느낌'이 어떤 것인지 대부분 이해하지 못합니다. 따라서 아이의 말투를 바꾸려고 하기보다 먼저 친구들에게 **"말투에는 누구나 각자의 버릇이 있어. ○○의 버릇은 어른처럼 말하는 거야"라고** 알려 주면 어떨까요? 장난을 치거나 친구들을 무시하는 것이 아니라는 사실을 알려 주면 친구들도 이해할 겁니다.

## 자기 생각보다 다른 사람에게 맞추려고만 해요

## 기대에 부응하고 싶은 마음에
## '과잉적응' 상태에 빠졌을 수도 있습니다

주변의 기대에 부응하려고 지나치게 노력하는 아이들이 있습니다. 이런 아이들은 **하고 싶은 일이 따로 있어도 사람들이 자신에게 바라는 사회적 역할을 다해야 한다는 생각에 필요 이상으로 참고 노력합니다.** 이런 상태를 '과잉적응(Over-adjustment)'이라고 합니다.

만화에 등장한 아이도 원래는 아이돌 DVD를 보려고 했지만, 친구가 놀자고 찾아오니 바로 계획을 취소하고 친구를 따라나섰습니다.

이런 유형의 아이는 아마 학

자신이 하고 싶은 일보다 친구의 부탁을 우선시한다

교에서 반장을 정할 때 선생님이
나 친구들이 해 보라고 추천하면
정작 본인은 하고 싶지 않았더라
도 받아들일 겁니다. 스트레스를
받으면서도 주변의 기대를 저버리
지 못합니다.

친구와 있을 때는 무조건 상대에게 맞춰 준다

그래서 거절하지 못하는 아이
를 보면 답답한 마음에 자기 생각
을 확실하게 말하라고 충고하게

됩니다. 하지만 아이는 진심으로 상대의 기대에 부응하고 싶다고 생각해서
한 행동이기 때문에 주변에서 아무리 걱정해도 괜찮다고만 합니다. 뭐든
괜찮다고만 하니 부모님은 더 신경이 쓰일 수밖에 없습니다.


## 아이가 혼자 있을 때 무엇을 하는지 지켜보세요

만약 아이가 '과잉적응' 상태를 보여서 걱정이라면 일단 **혼자 있을 때는 어떤
일을 하는지 유심히 지켜보세요.**

과잉적응 상태는 주변에 다른 사람이 있을 때 나타납니다. 타인이 자신
에게 무언가를 기대한다고 느끼면 그 기대에 부응하려고 참고 노력하게 되
는 겁니다.

따라서 혼자 있을 때는 주변 사람들을 신경 쓸 필요가 없으니 편하게 자

기가 하고 싶은 일을 할 수 있습니다. 예를 들어, 혼자 있는 시간에는 누구의 눈치도 보지 않고 좋아하는 아이돌 DVD를 보면서 즐거워한다면 일단은 안심해도 괜찮습니다. 자기가 좋아하는 일이 있고 그 일에도 확실히 시간을 쏟고 있다면 큰 문제는 아닙니다.

**혼자 있는 시간에 취미를 즐기는 아이라면 해당 활동을 조금씩 넓혀 가는 방법으로 과잉적응 상태에 빠지는 일을 줄여 가면 됩니다.** 아이가 혼자 있을 때 그림을 그린다면 미술부에 들어가거나 취미가 같은 친구를 사귀는 방법도 좋겠네요. 여러 사람과 함께 있어도 그 안에서 자기가 하고 싶은 일을 할 수 있게 되면 점차 다른 일에서도 자기 의지대로 행동하게 됩니다.

혼자 있는 시간에 즐기는 취미가 있다면 일단은 안심해도 좋다
좋아하는 활동의 범위를 점차 넓혀 가면 된다

## 혼자 있는 시간에도 자신만의 취미를 즐기지 못 한다면……

반면 혼자 있을 때조차 과잉적응 상태를 보이는 아이도 있습니다. 예를 들어, 한가한 시간에 아이가 TV를 본다면 주의 깊게 지켜볼 필요가 있습니다. 특별히 보고 싶은 프로그램이 있는 것이 아니라 그저 할 일이 없어서 보고 있을지도 모릅니다.

딱히 하고 싶은 일이 없어서 자유 시간이 생기면 무엇을 해야 할지 모르는 아이도 있습니다. 이때는 어른의 도움이 필요합니다. 어떻게 해야 할까요? 아이를 붙잡고 "하고 싶은 일을 마음껏 해도 된다"라고 아무리 설명해 봤자 아이의 마음에는 와닿지 않을 겁니다. 이때는 '**마음껏**' **해도 된다고 설명하기보다는 아이가 마음껏 행동하고 싶어지는 환경을 자연스럽게 만들어 주는 것이 가장 좋은 방법**입니다.

만약 아이가 아이돌을 좋아하면서도 마음을 잘 드러내지 않는다면 가족들이 먼저 아이돌 행사에 가자고 권해 보세요. 가족의 요청을 들어주는 형태로라도 좋아하는 일을 즐기며 시간을 보내면 '하고 싶었던 일을 해본 경험'이 됩니다. 부모의 기준에 맞춰 아이에게 행동을 강요하지 말고 **자연스럽게 아이가 즐길 수 있는 환경을 만들어 줘야 합니다.** 그래야 진정으로 아이를 도울 수 있다는 사실을 잊지 마세요.

# 학교를 잘 다니던 아이가 갑자기 등교를 거부해요

아이가 어느 날부터 갑자기 학교에 가지 않으려고 합니다

머리도 아프고 배도 아파 학교 못 가겠어

오늘도 쉴래

수혁(초5)

지금까지는 매일 씩씩하게 잘 다녔어요

다녀 오겠습니다

같은 반에 친한 친구도 있고

수업이나 동아리 활동도 좋아했습니다

오늘 축구 동아리에서 내가 골을 넣었어

어머! 정말? 잘했네

다정하고 활발해서 선생님도 믿고 의지하실 정도라

반장은 수혁이로 결정됐습니다

열심히 하겠습니다

반 분위기를 주도하는 아이였는데…

갑자기 왜 등교를 거부할까요?

# 이미 힘들다는
# 사인을 보냈는지도 모릅니다

자폐 스펙트럼 특성이 있는 아이는 때때로 독특한 행동을 할 때가 있습니다. 그래서 유치원이나 학교에서 단체 활동을 할 때 다른 아이들과 보조를 맞추지 못하고 혼자 뒤처지기도 합니다.

하지만 자신만의 속도나 스타일을 겉으로 드러내지 않고 다른 사람들의 방식에 맞추려고 노력하는 아이도 있습니다. CASE 19나 CASE 20에 등장하는 아이가 여기에 속하는 유형입니다.

매일 다른 사람의 눈치를 살피며 맞추려고 하면 누구나 지치기 마련입니다. 애쓰고 애쓰다 결국 몸 상태까지 나빠지는 아이도 있습니다. 지금껏 씩씩하고 활기차게 학교에 다니는 줄 알았던 아이가 사실은 늘 주변의 눈치를 살피면서 스트레스를 받다가 결국 **어느 날 갑자기 앓아누우며 등교를 거부하기도** 합니다. 저는 이런 현상을 '**돌발성 등교 거부**'라고 부릅니다.

다른 사람을 지나치게 신경 쓰는 아이는 어느 날 갑자기 무너지기도 한다

이번 만화의 사례도 일종의 '돌발성 등교 거부'에 해당하겠네요. 어쩌면 이 아이는 동아리 활동을 하면서 친구들을 배려하며 참아야 했던 일이 많았을지도 모릅니다.

지금까지 학교에 잘 다니던 아이가 어느 날 갑자기 "오늘은 학교 가기 싫어"라고 말하면 부모도 하루 이틀은 쉽게 할 겁니다. 하지만 그런 날이 계속되면 "지금까지 잘 다녔으면서 왜 그래", "친구들이 기다릴 거야"라며 아이를 달래서 다시 학교에 보내려고 하기 마련입니다.

하지만 **매일 다른 사람들의 눈치를 살피며 참아왔던 아이가 학교에 가기 싫다는 말을 꺼냈다는 건 이미 한계에 달했다는 뜻**입니다. 사실은 순순히 반장을 맡았을 때 자신이 한계에 가까워지고 있다는 사인을 보냈는지도 모릅니다.

## 아이가 편하게 받아들일 수 있는 방식을 자연스럽게 제안해 주세요

아이를 보고 순간적으로 '힘들겠지만 우리 애라면 할 수 있을 거야'라는 생각이 들었다면, 그때가 부모로서 아이에게 더 신경 써야 할 때입니다. **힘**

들다고 말했을 때 그만두게 하면 된다고 생각했다가는 자칫 대응이 늦어서 만화에서처럼 갑자기 등교를 거부하는 사태가 벌어질 수 있습니다.

CASE 19에서와 마찬가지로 이때도 **가장 좋은 방법은 아이가 편하게 활동할 수 있는 방식을 자연스럽게 제안하는 겁니다.** 만약 동아리 활동이나 반장을 맡는 일로 아이가 부담스러워 하는 기색이 보이면 부모님이 먼저 '동아리 활동에 참여하는 일수를 줄인다'거나 '담임 선생님과 상담해서 조정을 부탁한다', '동아리 활동을 그만두고 다른 활동에 집중한다'와 같은 **여러 선택지를 제시하고 아이가 원하는 방향을 확인**하는 것도 좋은 방법입니다. 아이가 바로 결정을 내리지 못할 수도 있으니 'ㅇ월까지는 그대로 하되 힘들지 않은 선에서 참여할 수 있는지 확인한다'라는 선택지도 있으면 좋겠네요.

아이에게만 맡겨 두면 한계에 다다를 때까지 참고 또 참기만 할 겁니다. 아이에게는 어른의 도움이 필요합니다.

지금까지 애써 참으며 요청을 받아들였을 수도 있다

# 자폐 스펙트럼 아이를 키우는 일은
# 그야말로 '아이러니'

어른들은 아이가 다양한 경험을 쌓아가며 자라기를 바랍니다. 아이에게 자폐 스펙트럼 특성이 있어서 집착하는 성향이 강하다는 사실을 아는 부모도 아이가 나중에 커서 사회생활을 하려면 어릴 때 다양한 경험을 쌓아야 하고, 유치원이나 학교에서 여러 활동을 경험하며 배워야 한다고 생각합니다.

하지만 CASE 19나 CASE 20에서 본 사례처럼 경험을 넓혀 가는 과정에서 자신보다는 주변 사람들의 속도에 맞추고, 사람들이 기대

친구가 놀자고 하면 거절하지 못하는 아이
(CASE 19)

하는 사회적 역할을 달성하고자 하다가 오히려 스트레스를 받는 아이도 있습니다.

사회 경험을 넓혀 가는 속도나 새로운 것에 빠져드는 속도는 아이마다 각자 다릅니다. 따라서 자폐 스펙트럼 특성을 가진 아이를 키울 때는 무엇보다 먼저 아이의 특징을 이해하고 아이에게 맞는 속도와 방식부터 찾아야 합니다.

지금까지 살펴본 스무 가지의 사례를 종합해서 마지막으로 **자폐 스펙트럼 아이를 키울 때 명심해야 할 포인트를 '기술론'과 '정신론'으로 나누어 정리**해 보겠습니다.


## 자폐 스펙트럼을 가진 아이의 육아법 ① '기술론'

앞서 CASE 9에서 시각 정보를 활용하는 방법을 소개했습니다. 그런데 간혹 시각 정보 활용의 의도를 잘못 이해하고, 아이에게 숙제나 방 정리를 재촉할 생각으로 그림 카드를 쓰는 어른들이 있습니다. 하지만 그림 카드가 아무리 이해하기 쉽더라도 지나치게 재촉하면 결국 아이는 그림 카드를 쳐다보기도 싫어하게 될 겁니다.

반면 아이의 속도에 맞춰서 아이가 하고 싶어 하는 일에 그림 카드를 활용하면 원만하게 원하는 활동을 유도할 수 있고, 아이도 즐거운 마음으로 활동에 몰두하게 됩니다. 그림 카드를 이용해서 다음에 할 활동을 미리 알려 주면 아이도 앞으로 할 일을 예상하고 이해할 수 있습니다. 생활 전체

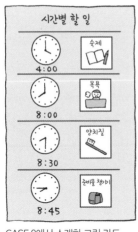

CASE 9에서 소개한 그림 카드

가 이런 흐름으로 흘러가면 설사 조금 귀찮은 일이라도 아이가 의욕을 보이며 집중하게 됩니다.

다시 말해 **아이의 기분을 헤아려서 전체적인 틀을 미리 보여 줘야 합니다.** 그림 카드를 보여 준다고 해서 무조건 문제가 해결되는 것은 아닙니다. 아이가 자신의 속도에 맞춰서 의욕적으로 활동할 수 있도록 그림 카드를 이용해 도와줄 뿐입니다. 이것이 자폐 스펙트럼 특성을 가진 아이에게 맞는 방법을 찾아가기 위한 '기술론'의 바탕입니다.

## 자폐 스펙트럼을 가진 아이의 육아법 ② '정신론'

이번에는 기술론에 이어 정신론, 즉 '마음가짐'에 관해 살펴봅시다.

제가 "아이의 마음을 헤아려 주세요"라고 조언하면 간혹 "아이가 해달라는 대로 다 해 주라는 말씀이세요?"라며 거부감을 드러내는 사람이 있습니다. 하지만 마음을 헤아려 주라는 말은 그런 의미가 아닙니다. **아이의 방식이나 속도를 이해한 후에 적당히 흐름을 끊어 주는 일도 어른의 역할입니다. 어른이 리더십을 발휘해서 아이가 원하는 바를 이룰 수 있게 이끌어 줘야 합니다.**

사람은 마음대로 하라고 풀어주면 오히려 불안을 느끼기도 합니다. 무엇을 하면 좋을지 몰라서 망설이고 고민합니다. 그래서 어느 정도는 틀이 정

부모와 아이가 서로 논의해서 복장을 정하는 규칙을 만든 사례(CASE 12)

해져 있어야 그 안에서 자신이 하고 싶은 일을 더 쉽게 선택할 수 있습니다. 보통 이런 경향은 어린아이일 때는 더 강하게 나타나기 때문에 어른이 어느 정도의 틀을 만들어 줘야 합니다.

그리고 틀을 만들 때는 아이의 희망을 고려해야 합니다. 이 부분을 아이가 원하는 대로 해 줘야 하는 일이라고 이해하면 아이에게 휘둘리는 기분이 들 수도 있습니다. 그렇게 되면 어른도 스트레스를 받게 됩니다. 그러니 생각을 바꿔 보면 어떨까요? **어른으로서 리더십을 발휘한다고 생각하거나 기본적인 틀을 마련해서 아이가 활동하기 쉬운 환경을 제공한다고 생각해 보세요.** 자폐 스펙트럼을 가진 아이를 키울 때 가슴에 새겨야 할 마음가짐, 이것이 '정신론'입니다.

상대가 자신에게 맞는 틀을 계속해서 제시해 주면 아이도 리더십을 발휘하며 자신을 끌어주는 상대에게 신뢰감을 느끼게 됩니다. **상대를 '자신이 원하는 바를 이해해 주는 사람'으로 인식**하게 될 겁니다.

자신이 원하는 방향으로 아이를 끌어가려고 하지 마세요. **아이의 마음을 헤아리고 방법을 제안해서 부모와 아이가 합의점을 찾아가야 합니다.** 부모의 희망이 아니라 아이의 마음속에 있는 잠재적 희망에 눈을 돌려 주세요. 이런 마음가짐으로 소통하며 조금씩 신뢰 관계를 쌓아가야 합니다.

어찌 보면 이는 자폐 스펙트럼을 가진 아이를 키울 때만이 아니라 사회생활에서 리더십을 발휘해야 하는 순간에도 필요한 마음가짐입니다. 회사에서 훌륭한 리더로서 조직을 잘 이끌어 가는 사람은 대부분 위압적이지 않습니다. 그렇다고 무조건 너그럽지만도 않습니다. 항상 강압적으로 명령하는 사람도, 늘 알아서 하라고 풀어 주는 사람도, 훌륭한 리더십을 발휘할 수는 없습니다. 구성원들의 마음을 헤아리면서 방법을 제안하고 합의점을 찾아가는 사람만이 조직을 움직이고 사람을 성장시켜 갈 수 있습니다. **상대의 마음을 헤아리지 못하면 신뢰를 얻을 수 없다는 진리는 가정에서나 회사에서나 마찬가지**입니다.

## 지시하거나 명령하지 말고 합의점을 찾아보세요

114페이지에 실은 '애착(attachment)'에 관한 칼럼에서도 설명했지만, 자폐 스펙트럼 특성을 가진 아이도 안전하고 안심할 수 있는 환경에서 자라면 스스로 새로운 것을 찾아 몰두하게 됩니다.

따라서 부모가 먼저 리더십을 발휘해 아이에게 '마음 놓고 편하게 다양한 활동을 즐길 수 있는 환경'을 제공하면 아이의 자발성을 키워 줄 수 있습니다.

아이가 자폐 스펙트럼 특성을 보이면 부모는 걱정되고 초조한 마음에 다양한 경험을 시키려고 하지만, 그보다는 구조화된 환경에서 같은 활동을 반복해야 오히려 경험의 폭이 넓어집니다. 아이러니하게도 **'판에 박힌 듯한 생활'을 해야만 자라서 융통성을 발휘할 수 있습니다. 이런 의미에서 자폐 스펙트럼을 가진 아이를 키우는 일은 '모순'**이라고도 할 수 있겠네요.

아이에게 바라는 행동과 모습을 정해 놓고 적극적으로 유도하려고 하면 대부분 원하는 결과를 얻을 수 없습니다. 아이가 무엇을 하고 싶어 하는지 헤아려서 자연스럽게 대응해야 합니다. 핵심은 부모가 먼저 생각을 바꿀 수 있는지에 있습니다.


아이에게 생활 습관이나 일정을 알려줄 때 부모는 '어떻게 해야 아이가 말을 들을까?'를 생각하게 됩니다. 이때 아이에게 어떻게 '지시'하거나 '명령'할지를 생각하면 실패할 확률이 더 높습니다. 그래서 저는 **'제안'**이라는 표현을 자주 사용합니다. 발달장애 어린이를 도와주는 '시각적 구조화'는 지시나 명령이 아니라 제안을 할 때 사용하는 개념입니다.

부모의 희망이 아니라 **아이의 희망을 헤아려 주세요. "이렇게 해 보면 어떨까?" 라고 말을 건네며 시각적으로 이해하기 쉽게 제안**해야 합니다. 그 후에 소통하면서 부모와 아이가 합의점을 찾아갑니다. 이런 과정을 통해 부모와 아이 사이에 신뢰가 쌓이면 아이는 정서적으로 안정감을 느끼고 성장할 수 있는 기반을 만들어 갑니다. 제안이야말로 자폐 스펙트럼을 가진 아이를 잘 키울 수 있는 비법 중에 비법입니다.

# Epilogue
## 마음의 건강이 모든 일의 시작입니다

그렇게 하면
정말 우리 아이가
행복해질 수 있나요?

자폐 스펙트럼을 가진 아이의 육아에는 '모순'이 존재합니다. **"부모의 바람이 아니라 아이의 마음을 우선해야 하고, 아이의 속도에 맞춰야 한다."** 저는 강연이나 연수에 가면 항상 이런 말을 합니다. 제 주변에 있는 전문가 중에도 저와 같은 생각을 하는 사람이 꽤 있습니다.

하지만 제가 아무리 열심히 설명해도 지금까지 아이가 행복한 인생을 보내기만을 바라며 필사적으로 이끌어 주고자 했던 부모님이나 선생님의 생각을 단번에 바꿀 수는 없습니다. 그래서 강연에 나가면 실로 다양한 질문들이 쏟아집니다. 그중에는 **"그렇게 하면 정말 우리 아이가 행복해질 수 있나요?"**라고 묻는 분들도 계십니다.

그런 질문을 받았을 때 제가 부모님이나 선생님에게 하는 조언을 마지막 만화에 담았으니 끝까지 읽고 참고해 주시길 바랍니다.

지금까지는
노력이나
자립이라고
하면

## 노력

↓

서툴더라도 포기하지
않고 계속 도전한다

아무리 괴로워도

## 사회적 자립

↓

다른 사람들과 똑같이
회사에 출근해서 일하고,
경제적으로 다른 사람에
게 의지하지 않는다

남자라면
가족을 먹여
살려야지

대부분
이런
이미지를
떠올렸습니다

---

하지만
앞으로는

## 노력

↓

자신이 하고 싶은 일을 위해
필요한 활동을 한다

두근두근

고통을 견디는
일이 아님

## 사회적 자립

↓

자립의 형태는 사람마다
다르다

제각각

NEW ♪

### 다양한 자립의 형태

육체적, 정신적 건강을 해치지
않고 일하면서 관심 분야와
취미에도 충분한 시간을 쓴다

WORK LIFE

스트레스받지
않는 일을 한다

학력이나 IQ와는
상관없어요

복지제도
(장애연금이나 기초생활수급비)를
이용해 일과 삶의 균형을
유지한다

**마치며**

# 아이들이 느끼는
# 미묘한 감정을 전하고 싶었습니다

저는 지금까지 발달장애에 관한 책을 스무 권 정도 집필했습니다. 대부분은 발달장애에 관한 기초적인 지식을 순서대로 정리해서 설명하는 책입니다. 이론을 설명하고 몇 가지 사례를 들어 해당 이론을 이해할 수 있게 돕는, 강연에 가까운 형식이었습니다.

하지만 이 책은 구체적인 사례를 통해 접근하는 형식으로 엮어 보았습니다. 이 책에 등장하는 스무 가지의 사례는 제가 만난 아이들의 실제 사례를 바탕으로 개인을 특정할 수 없도록 재구성한 이야기입니다.

무엇보다 **만화로 구성한 덕분에 이론부터 설명하는 방식보다 직감적으로 이해하기 쉬워졌다는 점이 마음에 듭니다.** 평소에 제가 진료실에서 했던 말에 숨어 있는 뜻이나 강연이나 책에서는 표현하기 어려웠던 **미묘한 뉘앙스를 훨씬 실감 나게 전달할 수 있었습니다.**

이 책에서는 자폐 스펙트럼 특성을 가진 아이의 사례 스무 가지를 소개했습니다. 사례를 통해 선생님에게 일방적으로 말을 늘어놓거나 늘 다니던 길과 정해진 자리 배치에 집착하고, 또래 친구들과 대화가 잘 통하지 않는 아이들의 조금은 '별난 행동'들을 살펴보았습니다.

다양한 상황에서 어른들이 아이를 유심히 지켜보고 아이가 왜 그런 '별난 행동'을 하는지를 이해하면 아이 자신이나 주변 사람들을 곤란하게 하는 문제를 줄일 수 있다고 설명했습니다.

이 책을 끝까지 읽으신 독자분들은 이제 **아이가 하는 모든 행동에는 이유나 원인이 있고, 이유를 알면 대응할 수 있다**는 사실을 이해하셨을 거로 생각합니다.

자폐 스펙트럼 특성이 있는 아이는 독특한 행동을 할 때가 있습니다. 그래서 유치원이나 학교에서 단체 활동을 할 때 혼자만 보조를 맞추지 못하기도 합니다. 다른 아이들과 어울리기 힘들어 하는 아이의 마음을 이해하고 단단하게 다져주는 일에 이 책이 조금이라도 도움이 되었으면 좋겠습니다.

**마음이 건강해지면 아이 스스로 성장하고 행복해지는 힘을 발휘할 수 있습니다. 마음의 건강이 모든 일의 시작입니다.**

이 책이 아이들의 마음 건강에 조금이라도 도움이 된다면 저자로서 그보다 더 큰 기쁨은 없을 겁니다.

혼다 히데오